CÓMO PAGAR MENOS IMPUESTOS EN ESPAÑA

Guía práctica de planificación fiscal 2024

Michael Black

Derechos de autor © 2024 Michael Black

Todos los derechos reservados

Ninguna parte de este libro puede ser reproducida ni almacenada en un sistema de recuperación, ni transmitida de cualquier forma o por cualquier medio, electrónico, o de fotocopia, grabación o de cualquier otro modo, sin el permiso expreso del autor.

CONTENIDO

Página del título
Derechos de autor
Introducción — 1
Capítulo 1: Los impuestos más importantes en España — 6
Capítulo 2: Estrategias para reducir el IRPF — 13
Capítulo 3: Optimización fiscal para autónomos — 33
Capítulo 4: Inversiones y fiscalidad — 51
Capítulo 5: Planificación fiscal para empresas — 70
Capítulo 6: Planificación sucesoria y fiscalidad del patrimonio — 90
Capítulo 7: Residir en una comunidad autónoma con menor carga fiscal — 105
Capítulo 8: Beneficios fiscales internacionales — 114
Capítulo 9: Consejos prácticos y errores comunes — 124
Conclusión: La importancia de estar al día con la normativa — 138

INTRODUCCIÓN

Hablar de impuestos en España, o en cualquier otro lugar, suele despertar sentimientos encontrados. Para muchos, el pago de impuestos se percibe como una carga inevitable, un mal necesario que parece afectar directamente a nuestros bolsillos sin que podamos hacer mucho al respecto. Sin embargo, lo que poca gente sabe es que existen muchas formas legales de reducir la carga fiscal y maximizar nuestros ahorros. ¿El truco? Conocer las reglas del juego y saber aplicarlas a nuestro favor.

Este libro tiene un objetivo claro: ayudarte a pagar menos impuestos de manera completamente legal. En España, el sistema fiscal está compuesto por una compleja red de leyes, normativas y deducciones que, si se conocen y se utilizan correctamente, pueden suponer un ahorro considerable en tu factura anual. La clave está en la **planificación fiscal**, una estrategia que utilizan tanto particulares como empresas para reducir de manera efectiva su carga impositiva sin salirse del marco legal.

¿Por Qué Es Importante La Planificación Fiscal?

Vivimos en una sociedad en la que gran parte de nuestros ingresos se destina a cubrir impuestos: desde el **IRPF** (Impuesto sobre la Renta de las Personas Físicas) que grava nuestros salarios, hasta el **IVA** (Impuesto sobre el Valor Añadido) que pagamos cada vez que hacemos una compra. Los impuestos son fundamentales para mantener los servicios públicos, pero, a menudo, se presentan como una carga desproporcionada para muchos contribuyentes que desconocen las herramientas que tienen a su disposición para reducirlos.

Es aquí donde entra en juego la **planificación fiscal**. Esta práctica no es exclusiva de grandes empresas o de las personas más adineradas, sino que cualquier ciudadano puede beneficiarse de ella. La planificación fiscal consiste en tomar decisiones informadas sobre tus finanzas con el objetivo de pagar menos impuestos, utilizando los incentivos fiscales, las deducciones y las bonificaciones que la legislación permite.

Pero, ¿cuál es la diferencia entre pagar menos impuestos y caer en la ilegalidad? Es fundamental aclarar que **eludir impuestos** es completamente legal. Elusión fiscal significa hacer uso de mecanismos legítimos para reducir el pago de impuestos. Por otro lado, la **evasión fiscal** es una práctica ilegal que consiste en ocultar ingresos o falsear información para evitar el pago de impuestos. Este libro se centrará únicamente en estrategias de **elusión fiscal** permitidas por la ley.

¿A Quién Va Dirigido Este Libro?

Este libro está pensado para **todos aquellos que quieran entender mejor el sistema fiscal español** y optimizar su situación personal o empresarial en términos de impuestos. No importa si eres un trabajador por cuenta ajena, un autónomo, un pequeño empresario o un inversor. Cualquiera que tenga que lidiar con impuestos puede encontrar aquí herramientas útiles para mejorar su situación fiscal y pagar menos impuestos.

Aunque algunos piensan que solo las personas con grandes fortunas o empresas complejas pueden beneficiarse de la planificación fiscal, la realidad es muy diferente. El sistema fiscal español ofrece una amplia gama de deducciones y bonificaciones que están al alcance de cualquier persona, siempre y cuando se conozcan y se apliquen de manera adecuada. Desde deducciones por vivienda habitual, hasta incentivos para invertir en planes de pensiones o startups, hay muchas formas de reducir la factura fiscal anual.

¿Qué Encontrarás En Este Libro?

El libro está estructurado para cubrir **todas las áreas clave del sistema fiscal en España**. A lo largo de sus capítulos, aprenderás sobre los principales impuestos que afectan a los ciudadanos, como el **IRPF**, el **IVA**, el **Impuesto de Sociedades** y el **Impuesto sobre el Patrimonio**. Pero, más allá de describir estos impuestos, te proporcionaremos estrategias concretas para reducir su impacto en tus finanzas.

También abordaremos cómo los diferentes perfiles de contribuyentes pueden aprovechar estas estrategias:

- Si eres **trabajador por cuenta ajena**, aprenderás a aprovechar las deducciones por inversión en vivienda habitual, planes de pensiones, donaciones y otros beneficios que pueden reducir tu base imponible.
- Si eres **autónomo**, te explicaremos cómo deducir correctamente los gastos relacionados con tu actividad, desde suministros hasta gastos en formación, pasando por la optimización de la planificación de ingresos y gastos.
- Si eres **inversor**, analizaremos las implicaciones fiscales de tus inversiones, ya sea en bolsa, criptomonedas o inmuebles, y cómo puedes estructurar tus decisiones para minimizar los impuestos a pagar.
- Si tienes una **empresa**, te mostraremos cómo reducir el Impuesto de Sociedades, aprovechar bonificaciones por I+D+i, y planificar la gestión de beneficios para optimizar la carga fiscal de tu negocio.
- Si gestionas un **gran patrimonio**, aprenderás a reducir el impacto del Impuesto sobre el Patrimonio, así como a planificar la sucesión de bienes a través de herencias y donaciones, aprovechando las ventajas fiscales que ofrecen algunas comunidades autónomas.

Además, no olvidaremos la importancia de las **diferencias fiscales entre comunidades autónomas**. En España, cada región tiene potestad para aplicar bonificaciones y exenciones en impuestos como el de Sucesiones y Donaciones, lo que puede marcar una gran diferencia en lo que pagarás dependiendo de dónde residas. También exploraremos oportunidades fiscales internacionales, como la famosa **Ley Beckham**, que permite a trabajadores desplazados en España disfrutar de una tributación mucho más favorable.

¿Es Legal Pagar Menos Impuestos?

Esta es una pregunta clave, y la respuesta es un rotundo **sí**. Siempre que sigas las normativas vigentes, pagar menos impuestos no solo es legal, sino recomendable. El sistema fiscal está diseñado para ofrecer incentivos a quienes planifican sus decisiones financieras de manera eficiente, ya sea a través de inversiones en vivienda, en productos financieros como planes de pensiones o participaciones en startups. La clave está en conocer esas reglas y aplicarlas de manera correcta.

Dicho esto, es fundamental estar siempre al día con la legislación, ya que el marco fiscal puede cambiar de un año a otro, afectando las deducciones y bonificaciones que puedes aprovechar. Por eso, además de proporcionarte una visión clara de las estrategias actuales, también te recomendaremos **mantenerte informado** o, en su defecto, contar con un buen asesor fiscal que te guíe.

En resumen

Este libro es tu guía definitiva para aprender a reducir tu carga fiscal en España de manera completamente legal. No importa si eres un ciudadano medio, un autónomo, un inversor o gestionas una empresa: **la planificación fiscal está a tu alcance** y puede marcar la diferencia entre pagar más impuestos de los que te corresponden o conservar una parte mayor de tus ingresos y patrimonio.

Prepárate para descubrir cómo puedes optimizar tus impuestos, aplicar estrategias fiscales a tu favor y aprender a conservar más de lo que con tanto esfuerzo has ganado.

CAPÍTULO 1: LOS IMPUESTOS MÁS IMPORTANTES EN ESPAÑA

El sistema tributario en España está compuesto por varios tipos de impuestos que afectan de manera directa a las personas físicas y a las empresas. Conocer bien cada uno de ellos es esencial para entender cómo se calcula la carga fiscal y cómo se puede optimizar. En este capítulo, exploraremos los principales impuestos que influyen en la mayoría de los ciudadanos y cómo funcionan en términos generales.

IRPF (Impuesto sobre la Renta de las Personas Físicas)

El **IRPF** es uno de los impuestos más importantes en España, ya que afecta a todos los ciudadanos que perciben ingresos. Grava la renta obtenida por las personas físicas en un año fiscal y se aplica de manera progresiva, lo que significa que cuanto más se gana, mayor es el porcentaje de impuestos que se paga. Es, por tanto, un impuesto directo y personal que tiene en cuenta las circunstancias individuales del contribuyente.

Conceptos básicos del IRPF

El IRPF se basa en los **rendimientos obtenidos** por una persona,

que pueden proceder de diversas fuentes:
- **Rendimientos del trabajo**: salarios, pensiones o prestaciones de desempleo.
- **Rendimientos del capital**: intereses de cuentas bancarias, dividendos, alquileres, etc.
- **Rendimientos de actividades económicas**: ingresos de autónomos o empresarios.
- **Ganancias y pérdidas patrimoniales**: por la venta de bienes (por ejemplo, la venta de una vivienda o acciones).

El IRPF también tiene en cuenta las deducciones personales y familiares, así como las bonificaciones aplicables en función de la situación económica y personal de cada individuo.

Tramos impositivos

El IRPF se aplica en tramos, con tipos impositivos que varían en función de los ingresos. Para el ejercicio de 2024, los tramos generales son los siguientes:

1. **Hasta 12.450 €**: 19%
2. **De 12.451 € a 20.200 €**: 24%
3. **De 20.201 € a 35.200 €**: 30%
4. **De 35.201 € a 60.000 €**: 37%
5. **De 60.001 € a 300.000 €**: 45%
6. **Más de 300.000 €**: 47%

Este sistema progresivo significa que los primeros 12.450 € tributan al 19%, y así sucesivamente, aplicando el tipo de cada tramo solo sobre la cantidad que supere el límite del tramo anterior.

Deducciones y bonificaciones disponibles

Para reducir la base imponible, es decir, la cantidad sobre la que se aplican los tipos impositivos, es posible beneficiarse de diferentes deducciones y bonificaciones, como:

- **Deducción por inversión en vivienda habitual**: disponible solo para viviendas adquiridas antes de 2013.

- **Aportaciones a planes de pensiones**: hasta un límite anual que reduce la base imponible.
- **Deducción por donaciones** a entidades sin ánimo de lucro.
- **Reducciones por familia numerosa o personas a cargo**: bonificaciones que varían según la comunidad autónoma.
- **Gastos deducibles**: en el caso de los autónomos, ciertos gastos relacionados con su actividad son deducibles, como alquileres, suministros o transporte.

El objetivo de estas deducciones es reducir la cantidad final de impuestos que se debe pagar, haciendo que el IRPF sea más favorable para ciertos grupos y situaciones específicas.

Impuesto sobre el Patrimonio

El **Impuesto sobre el Patrimonio** es un tributo que se aplica sobre el valor total del patrimonio neto de una persona física al final del año. Aunque su impacto es menor en comparación con otros impuestos, sigue siendo un factor importante para quienes tienen un patrimonio considerable.

¿Cuándo aplica el Impuesto sobre el Patrimonio?

Este impuesto afecta únicamente a aquellos contribuyentes cuyo patrimonio neto (el valor de todos sus bienes y derechos menos sus deudas) supera ciertos umbrales. Actualmente, el mínimo exento general es de **700.000 €**, aunque este límite puede variar dependiendo de la comunidad autónoma en la que se resida, ya que algunas comunidades tienen bonificaciones o exenciones totales.

El patrimonio gravado incluye:

- Propiedades inmobiliarias.
- Vehículos y embarcaciones.
- Acciones, bonos y otros instrumentos financieros.
- Depósitos bancarios.
- Participaciones en empresas.

- Bienes de lujo como joyas o colecciones artísticas.

Los **tipos impositivos** del Impuesto sobre el Patrimonio son progresivos y pueden oscilar entre el **0,2% y el 2,5%**, dependiendo del valor del patrimonio neto.

Cómo reducir la base imponible

Existen algunas estrategias para reducir la base imponible de este impuesto:

- Aprovechar las **exenciones** por vivienda habitual, cuyo valor puede estar exento hasta los primeros 300.000 €.
- Inversiones en **empresas familiares**, que pueden estar exentas si se cumplen ciertos requisitos.
- Realizar donaciones en vida para reducir el patrimonio antes del cierre del ejercicio fiscal.

Cada comunidad autónoma puede aplicar distintas bonificaciones, por lo que es importante revisar la normativa específica de la región en la que se reside.

IVA (Impuesto sobre el Valor Añadido)

El **IVA** es un impuesto indirecto que grava el consumo de bienes y servicios en España. Aunque es pagado por los consumidores finales, son las empresas y los autónomos quienes tienen la obligación de declararlo y abonarlo a Hacienda.

Cómo funciona el IVA

El IVA se añade al precio de venta de los bienes o servicios que adquirimos. Existen tres tipos de IVA en España:

1. **Tipo general (21%)**: se aplica a la mayoría de bienes y servicios.
2. **Tipo reducido (10%)**: aplicable a productos alimenticios, transporte, hostelería, entre otros.
3. **Tipo superreducido (4%)**: destinado a productos de primera necesidad, como pan, leche, frutas, libros, y

medicamentos.

Quién está obligado a pagarlo

El IVA es soportado por los consumidores, pero las empresas y los autónomos que prestan servicios o venden bienes deben **repercutirlo** en sus facturas y, posteriormente, ingresarlo en Hacienda. Sin embargo, pueden deducirse el IVA soportado (el que han pagado en la adquisición de bienes o servicios necesarios para su actividad), compensándolo con el IVA que han cobrado a sus clientes. Este mecanismo permite que solo el consumidor final soporte el coste total del impuesto.

Impuesto de Sociedades

El **Impuesto de Sociedades** grava los beneficios obtenidos por las empresas y otras entidades jurídicas en España. Su importancia es crucial para todas aquellas personas que gestionan un negocio o tienen participaciones significativas en empresas.

¿Cómo se calcula?

El Impuesto de Sociedades se calcula sobre el **resultado contable** de la empresa, es decir, la diferencia entre los ingresos y los gastos deducibles. Este resultado contable puede ajustarse con ciertas correcciones fiscales, que permiten reducir la base imponible.

El tipo impositivo general es del **25%**, aunque existen tipos reducidos para ciertas empresas, como las de nueva creación, que disfrutan de un tipo del **15%** durante sus dos primeros ejercicios fiscales positivos.

Deducciones y bonificaciones

Las empresas pueden beneficiarse de diversas deducciones en el Impuesto de Sociedades, como:

- Deducción por reinversión de beneficios.
- Bonificaciones por actividades de I+D+i (investigación y desarrollo).

- Incentivos fiscales por creación de empleo.

Plusvalía Municipal y otros impuestos locales

Además de los impuestos estatales, en España existen impuestos que gestionan los ayuntamientos y otras administraciones locales. Entre ellos, el **Impuesto sobre el Incremento del Valor de los Terrenos de Naturaleza Urbana** (más conocido como **Plusvalía Municipal**) es uno de los más importantes cuando se vende o hereda una propiedad inmobiliaria.

Plusvalía Municipal

Este impuesto grava el incremento de valor que ha tenido un terreno desde que se adquirió hasta que se vende o se hereda. El cálculo se basa en el valor catastral del suelo y en los años que ha estado en posesión del propietario. Aunque en los últimos años ha habido cambios significativos en su regulación, sigue siendo una carga importante para quienes venden inmuebles.

Otros impuestos locales

Otros impuestos locales incluyen:

- **Impuesto sobre Bienes Inmuebles (IBI)**: un tributo que grava la propiedad de bienes inmuebles, tanto urbanos como rústicos.
- **Impuesto sobre Actividades Económicas (IAE)**: grava el ejercicio de actividades empresariales, profesionales o artísticas. Está exento para personas físicas y empresas con un volumen de negocio inferior a un millón de euros.

Conclusión del capítulo:

Conocer bien los impuestos más importantes en España es el primer paso hacia una buena planificación fiscal. A medida que avances en el libro, descubrirás cómo aplicar estrategias para optimizar el pago de estos impuestos y, sobre todo, cómo evitar pagar más de lo que te corresponde legalmente.

CAPÍTULO 2: ESTRATEGIAS PARA REDUCIR EL IRPF

1. Deducciones por vivienda habitual

La vivienda habitual ha sido, históricamente, una de las principales vías para que los contribuyentes puedan reducir su factura fiscal en el Impuesto sobre la Renta de las Personas Físicas (IRPF). A pesar de los cambios normativos de los últimos años, esta deducción sigue vigente para ciertos casos, especialmente para aquellos que compraron su vivienda antes de 2013, y para aquellos que alquilan su residencia.

Deducción por inversión en vivienda habitual (adquisición antes de 2013)

Aquellas personas que adquirieron su **vivienda habitual antes del 1 de enero de 2013** pueden seguir beneficiándose de la deducción por inversión en vivienda habitual, un incentivo que permite desgravar una parte de los pagos destinados a la hipoteca o la compra de la vivienda.

¿En qué consiste la deducción?

La deducción se aplica sobre las cantidades satisfechas durante el año en concepto de adquisición, construcción, ampliación o rehabilitación de la vivienda habitual. Se incluyen tanto los pagos de la hipoteca como otras cantidades invertidas en mejorar la vivienda.

El porcentaje de deducción es del **15%** sobre las cantidades aportadas, con un límite máximo de **9.040 €** por contribuyente. Esto significa que el importe máximo que se puede deducir al año es de **1.356 €** (15% de 9.040 €).

Requisitos para aplicar la deducción

Para poder beneficiarse de esta deducción, se deben cumplir los siguientes requisitos:

1. **Adquisición previa a 2013**: Solo pueden aplicarla aquellos que compraron su vivienda habitual antes del 1 de enero de 2013 y que ya estuvieran aplicando esta deducción en los ejercicios fiscales anteriores.
2. **Vivienda habitual**: La vivienda debe ser la residencia principal y habitual del contribuyente. Esto implica que el contribuyente debe haber vivido en la vivienda de manera continuada durante al menos tres años (salvo excepciones justificadas).
3. **Pago de cantidades**: Es necesario haber realizado pagos durante el ejercicio fiscal correspondiente por la adquisición o financiación de la vivienda (hipoteca, por ejemplo).

¿Qué sucede si se cancela la hipoteca?

En el caso de haber terminado de pagar la hipoteca, el derecho a la deducción desaparece, ya que no se estarían realizando nuevas aportaciones. No obstante, si la vivienda sufre mejoras significativas (como ampliaciones o rehabilitaciones), esas inversiones podrían ser objeto de deducción, siempre y cuando cumplan con los requisitos establecidos.

Deducción por alquiler de vivienda habitual

En cuanto al alquiler, el **IRPF** también ofrece una deducción para aquellos contribuyentes que arriendan su vivienda habitual. Aunque esta deducción ha sido modificada y limitada en los últimos años, sigue siendo aplicable en determinadas circunstancias.

¿Quién puede beneficiarse?

Esta deducción es aplicable únicamente para aquellos contratos de alquiler firmados **antes del 1 de enero de 2015**, siempre que se cumplan ciertas condiciones de ingresos. Aquellos que firmaron un contrato después de esa fecha no pueden aplicar esta deducción a nivel estatal, aunque algunas **comunidades autónomas** siguen ofreciendo sus propias deducciones por alquiler, lo que puede ser una alternativa interesante.

¿Cómo funciona?

La deducción por alquiler es del **10,05%** de las cantidades pagadas por el alquiler de la vivienda habitual, con un límite de renta imponible de **24.107,20 €** anuales.

- Si la base imponible es inferior a **17.707,20 €**, el contribuyente puede aplicar la deducción completa (10,05% de las cantidades pagadas por el alquiler).
- Si la base imponible está entre **17.707,20 € y 24.107,20 €**, la deducción se aplica de manera progresiva y decreciente.

Deducciones autonómicas

A pesar de que la deducción estatal por alquiler se limita a contratos anteriores a 2015, muchas **comunidades autónomas** han implementado sus propias deducciones para alquileres. Algunas ofrecen bonificaciones basadas en la edad del inquilino (por ejemplo, para menores de 35 años), o según la renta familiar.

Algunas comunidades autónomas con deducciones por alquiler son:

- **Madrid**: hasta el **30%** de las cantidades pagadas, con un máximo de **1.000 €** al año, para menores de 35 años.
- **Cataluña**: deducción de hasta **10%** del alquiler, con un máximo de **300 €** anuales (600 € en algunos casos), dependiendo de la base imponible.
- **Comunidad Valenciana**: deducción del **15%**, con un máximo de **550 €** para menores de 35 años o mayores de 65.

Es importante revisar las deducciones específicas de la comunidad autónoma en la que residas para aprovechar al máximo los beneficios fiscales.

Exención por reinversión en vivienda habitual

Otro incentivo fiscal relacionado con la vivienda es la **exención por reinversión**. Esto se aplica cuando se vende una vivienda habitual y el importe obtenido se utiliza para adquirir otra vivienda habitual.

¿Cómo funciona?

Si has vendido tu vivienda habitual, las **ganancias patrimoniales** obtenidas por la venta no tributarán en el IRPF si el importe de la venta se reinvierte en la compra de una nueva vivienda habitual. Para poder aplicar esta exención, es necesario que la reinversión se realice en un plazo máximo de **dos años** desde la venta de la vivienda anterior.

Este beneficio fiscal puede suponer un ahorro considerable, especialmente si la vivienda vendida ha generado una ganancia significativa.

Requisitos

- La vivienda vendida debe haber sido la **vivienda habitual** durante al menos tres años (salvo excepciones).
- El importe total de la venta debe reinvertirse en la compra de una nueva vivienda habitual. Si solo se reinvierte una parte, la exención será proporcional.
- La nueva vivienda también debe ser la **vivienda habitual** del contribuyente.

Consideraciones finales sobre las deducciones por vivienda

A pesar de los cambios legislativos, la vivienda sigue siendo una de las principales vías para reducir la factura del IRPF, ya sea a través de la deducción por compra de vivienda habitual (para quienes adquirieron antes de 2013), por alquiler o por la exención de reinversión. Es importante revisar si cumples con los requisitos y consultar la normativa autonómica para aprovechar al máximo las deducciones aplicables en tu situación.

2. Aportaciones a planes de pensiones

Los planes de pensiones son una de las herramientas más conocidas y efectivas para reducir la base imponible del IRPF. Estas aportaciones, además de servir para garantizar una jubilación más cómoda, ofrecen importantes beneficios fiscales en el presente, permitiendo a los contribuyentes reducir el monto de impuestos que deben pagar.

¿Cómo funciona la deducción por planes de pensiones?

Las aportaciones que realices a un **plan de pensiones** se restan directamente de tu base imponible, lo que significa que reduces la cantidad de tus ingresos sobre la que se calculan los impuestos. Al disminuir la base imponible, pagas menos en el IRPF, especialmente si te encuentras en un tramo alto de ingresos, donde los tipos impositivos son mayores.

Por ejemplo, si tu base imponible es de 40.000 € y aportas 2.000 € a un plan de pensiones, tu base imponible bajará a 38.000 €, lo que significa que pagarás menos impuestos sobre esos 2.000 €.

Límite de aportaciones deducibles

Es importante tener en cuenta que existe un límite anual de las aportaciones a planes de pensiones que se pueden desgravar en el IRPF. Para el año fiscal 2024, el límite es el menor de las siguientes cantidades:

- **1.500 € anuales**, o
- El **30%** de los rendimientos netos del trabajo y actividades económicas del contribuyente.

Es decir, no puedes deducir aportaciones superiores a 1.500 € en un año, incluso si tu capacidad económica lo permite. No obstante, estos límites pueden ser ampliados si el cónyuge del contribuyente tiene ingresos muy bajos o inexistentes, como veremos a continuación.

Aportaciones al plan de pensiones del cónyuge

Además de las aportaciones a tu propio plan de pensiones, si tu cónyuge tiene **rentas inferiores a 8.000 € anuales**, puedes hacer aportaciones a su plan de pensiones y deducir esas cantidades en tu declaración de la renta. En este caso, el límite máximo de aportación deducible es de **1.000 € anuales**.

Este es un aspecto clave si estás en una relación en la que uno de los cónyuges tiene bajos ingresos o está en paro, ya que permite aprovechar las ventajas fiscales de ambos cónyuges a través de la aportación a su plan de pensiones.

Beneficios fiscales según los tramos de IRPF

Uno de los aspectos más atractivos de las aportaciones a planes de pensiones es que las deducciones son especialmente beneficiosas para los contribuyentes que se encuentran en tramos altos de IRPF. Como vimos en el capítulo anterior, en España el IRPF es progresivo, por lo que los contribuyentes con ingresos más altos pagan un mayor porcentaje de impuestos.

Cuanto mayor sea el tramo en el que te encuentres, mayor será el ahorro fiscal que obtendrás con tus aportaciones a planes de pensiones. Por ejemplo, si te encuentras en un tramo del 37%, cada 1.000 € que aportes a un plan de pensiones te supondrán un ahorro fiscal de **370 €** en tu declaración del IRPF.

Rescate del plan de pensiones: tributación en el momento del cobro

Aunque las aportaciones a planes de pensiones ofrecen ventajas fiscales inmediatas, es importante recordar que estos ahorros no son permanentes. Cuando llegue el momento de jubilarte y **rescates el plan de pensiones**, las cantidades que recibas tributarán como rendimientos del trabajo, es decir, se sumarán a tus ingresos del año en que los rescates y pagarás impuestos sobre ellos.

Existen diferentes formas de rescatar el plan de pensiones, y la tributación variará en función del método elegido:

1. **Rescate en forma de capital**: Si decides cobrar todo el dinero acumulado de una sola vez, tributarás por el total del importe recibido ese año. En algunos casos, es posible beneficiarse de una **reducción del 40%** en los planes anteriores a 2007, pero esta ventaja ha ido disminuyendo con el tiempo.
2. **Rescate en forma de renta**: Puedes elegir recibir pagos periódicos (mensuales, trimestrales, anuales) del plan de pensiones, lo que permite distribuir la tributación a lo largo de varios años y, por lo tanto, evitar una gran carga fiscal en un solo ejercicio.
3. **Rescate mixto**: Combina ambas opciones, recibiendo una parte en forma de capital y otra en forma de renta.

¿Cuándo merece la pena un plan de pensiones?

Los planes de pensiones son especialmente ventajosos para personas que se encuentran en **tramos altos de IRPF**, ya que las aportaciones permiten reducir significativamente la base imponible. Por otro lado, también pueden ser una herramienta eficaz para quienes desean complementar su jubilación y están dispuestos a posponer el acceso a sus ahorros hasta el momento de la jubilación o en casos específicos como incapacidad o enfermedad grave.

Sin embargo, es importante considerar que los **planes de pensiones tienen ciertas limitaciones**. A diferencia de otros productos de ahorro, el dinero invertido no es accesible de forma inmediata, salvo en casos excepcionales (como paro de larga duración, enfermedad grave o incapacidad). Esto significa que, si bien ofrecen beneficios fiscales en el presente, los ahorros estarán bloqueados hasta la jubilación o hasta cumplir ciertos requisitos.

Alternativas a los planes de pensiones

Si bien los planes de pensiones son una de las formas más populares de ahorro a largo plazo, no son la única opción para reducir la factura fiscal. Existen otros productos financieros que también ofrecen ventajas fiscales, como los **planes de previsión asegurados (PPA)** o los **planes individuales de ahorro sistemático (PIAS)**. Estos productos pueden tener diferentes características en términos de liquidez y fiscalidad, por lo que conviene analizarlos según tus necesidades.

Estrategia de planificación fiscal a largo plazo

Una de las mejores formas de aprovechar las ventajas fiscales de los planes de pensiones es **planificar a largo plazo**. Si empiezas a hacer aportaciones regulares desde una edad temprana, podrás reducir tu base imponible año tras año, y cuando llegue el momento de rescatar tu plan, es posible que te encuentres en un tramo impositivo más bajo, lo que reducirá el impacto fiscal del rescate.

Por ejemplo, una persona que en su vida laboral se encuentra en un tramo del 45% y que rescata el plan durante la jubilación, cuando sus ingresos sean menores, podría encontrarse en un tramo del 19% o 24%, lo que hará que el impacto fiscal del rescate sea mucho menor.

Conclusión de la sección:
Las **aportaciones a planes de pensiones** son una herramienta eficaz para reducir la base imponible del IRPF y, por lo tanto, pagar menos impuestos. Aunque tienen ciertas limitaciones en cuanto a la disponibilidad del dinero invertido, los beneficios fiscales que ofrecen los hacen especialmente interesantes para quienes buscan optimizar su factura fiscal, especialmente si se encuentran en tramos altos de IRPF.

3. Inversiones en empresas de nueva creación

Invertir en **startups** o empresas de nueva creación no solo puede ser una excelente oportunidad para apoyar a proyectos innovadores y obtener potenciales beneficios económicos, sino que también ofrece interesantes incentivos fiscales en el IRPF. El gobierno español, con el objetivo de fomentar el emprendimiento y la creación de nuevas empresas, ha implementado una serie de deducciones para aquellos contribuyentes que decidan invertir en este tipo de negocios.

¿En qué consiste la deducción por inversión en startups?

La deducción por inversión en empresas de nueva creación permite desgravar un porcentaje de las cantidades invertidas en este tipo de empresas, lo que reduce directamente el importe que pagas en el IRPF. Esta deducción ha sido mejorada en los últimos años, haciéndola más atractiva para los inversores particulares que buscan apoyar a nuevas empresas en sus primeros años de vida.

Deducción estatal

Desde 2023, los inversores pueden deducir el **50%** de las cantidades invertidas en startups de su cuota íntegra del IRPF, con un límite de inversión deducible de **100.000 € anuales**. Esto significa que puedes reducir tu factura fiscal hasta un máximo de **50.000 €** en un año por las inversiones realizadas en una o varias startups.

Requisitos para aplicar la deducción

Para poder beneficiarse de esta deducción, tanto el inversor como la empresa deben cumplir ciertos requisitos:

1. **Inversor**:
   - Debe ser una **persona física** (no aplicable a personas jurídicas).
   - No puede tener más del **40%** de la participación en la empresa, ni directa ni indirectamente (junto con el cónyuge o familiares hasta el segundo grado de consanguinidad).
   - Las participaciones deben mantenerse en el patrimonio del contribuyente durante **al menos tres**

años y un máximo de **doce años** desde la fecha de adquisición.

2. **Empresa de nueva creación**:
   - Debe ser una **empresa de nueva creación**, es decir, que no tenga más de **cinco años** desde su constitución (siete años para empresas de sectores de alta tecnología o con planes de internacionalización).
   - Su actividad principal no debe consistir en la gestión de un patrimonio mobiliario o inmobiliario.
   - Debe tener un capital social máximo de **400.000 €** en el momento de la inversión.

Además, la inversión puede realizarse a través de ampliaciones de capital o directamente adquiriendo participaciones de la empresa.

Beneficios adicionales para los "business angels"

Para los inversores que actúan como **business angels** o ángeles inversores, es decir, aquellos que no solo aportan capital, sino también asesoramiento y conocimiento estratégico a la empresa, los incentivos pueden ser aún más atractivos. Estos inversores suelen recibir participación en la empresa a cambio de su capital y su apoyo, lo que les permite beneficiarse tanto de la deducción fiscal como de posibles ganancias futuras si la startup tiene éxito.

Exención por reinversión de ganancias

Otro aspecto interesante de las inversiones en startups es la posibilidad de **exención por reinversión**. Si decides vender tu participación en la empresa después de cumplir los requisitos de permanencia mínima (tres años), las **ganancias obtenidas por la venta pueden estar exentas de tributar en el IRPF**, siempre y cuando reinviertas dichas ganancias en otra empresa de nueva creación.

Este incentivo permite a los inversores seguir apostando por nuevas startups sin tener que tributar por las plusvalías obtenidas en la venta, siempre que se cumplan los requisitos de reinversión dentro de un plazo determinado.

Requisitos para la exención

- La exención aplica solo si las **ganancias obtenidas por la venta** se reinvierten en otra empresa de nueva creación en el mismo ejercicio fiscal o dentro de los dos ejercicios siguientes.
- Al igual que en la deducción por inversión, el inversor no debe tener más del **40%** de participación en la nueva empresa en la que invierte.

Ejemplo práctico de deducción

Imagina que en 2024 decides invertir **30.000 €** en una startup tecnológica. Como las condiciones para aplicar la deducción se cumplen, podrías deducir el **50%** de esa inversión, es decir, **15.000 €**. Si en tu declaración de la renta tienes que pagar 20.000 € en impuestos, esta deducción reduciría tu factura fiscal a **5.000 €**.

Además, si dentro de unos años vendes tus participaciones en esa startup con un beneficio de **20.000 €** y decides reinvertir ese dinero en otra empresa de nueva creación, no tendrías que tributar por esas ganancias, lo que supone una ventaja fiscal adicional.

Ventajas y riesgos de invertir en startups

Es fundamental tener en cuenta que, aunque las ventajas fiscales por invertir en startups son atractivas, estas inversiones conllevan un alto nivel de **riesgo**. Las empresas de nueva creación suelen tener tasas de fracaso elevadas, y no todas logran sobrevivir los primeros años. Por eso, es importante que los inversores analicen bien los proyectos en los que invierten, comprendan los riesgos involucrados y diversifiquen sus inversiones.

Entre las **ventajas** principales de esta deducción están:

- Reducción significativa de la factura fiscal a corto plazo (por las deducciones).
- Potencial de obtener ganancias si la startup tiene éxito.
- Exención fiscal sobre las ganancias si reinviertes en otra

empresa de nueva creación.

Sin embargo, entre los **riesgos** principales destacan:

- Pérdida del capital invertido si la startup fracasa.
- Baja liquidez: puede que no sea fácil vender tus participaciones en una empresa de nueva creación en los primeros años.
- Obligación de mantener las participaciones durante al menos tres años para beneficiarse de las deducciones.

Conclusión de la sección:
Invertir en startups no solo puede ser emocionante y potencialmente rentable, sino que también ofrece incentivos fiscales importantes para reducir el IRPF. La deducción del **50%** sobre la inversión realizada y la exención por reinversión de ganancias hacen que esta opción sea muy interesante para aquellos que quieran apoyar a nuevas empresas y al mismo tiempo optimizar su carga fiscal. Sin embargo, es crucial tener en cuenta los riesgos inherentes a este tipo de inversiones y actuar con cautela.

4. Donaciones

Hacer donaciones a organizaciones sin ánimo de lucro o entidades benéficas no solo contribuye a causas sociales importantes, sino que también ofrece interesantes ventajas fiscales en el IRPF. El sistema fiscal español recompensa a aquellos que realizan contribuciones económicas a entidades reconocidas, permitiendo deducir un porcentaje significativo de las donaciones realizadas.

¿En qué consiste la deducción por donaciones?

La deducción por donaciones en el IRPF permite desgravar un porcentaje de las cantidades donadas a entidades benéficas, fundaciones, ONG, y otras instituciones reconocidas por su labor social, cultural, educativa o científica.

El porcentaje de la deducción varía en función de la cantidad donada y de la regularidad con la que el contribuyente realiza dichas donaciones, incentivando tanto las aportaciones puntuales como las donaciones recurrentes a una misma entidad.

Porcentajes de deducción

Desde el ejercicio 2020, la deducción por donaciones sigue el siguiente esquema:

1. **Primeros 150 € donados**: deducción del **80%**. Es decir, por los primeros 150 € que dones a una entidad reconocida, puedes deducir **120 €** en tu declaración del IRPF.
2. **Cantidades que excedan los 150 €**: deducción del **35%**. Si realizas una donación superior a 150 €, la parte que exceda esa cantidad tendrá una deducción del 35%.
3. **Donaciones recurrentes**: Si llevas donando a una misma entidad durante tres años o más y cada año la cantidad es igual o superior, la deducción sobre la cantidad que exceda los 150 € se incrementa al **40%**.

Estas deducciones se aplican directamente sobre la **cuota íntegra del IRPF**, es decir, se restan del importe que debes pagar tras aplicar todas las deducciones y reducciones a la base imponible.

Ejemplo práctico de deducción por donaciones

Supongamos que en 2024 realizas una donación de **300 €** a una ONG reconocida:

- Por los primeros **150 €**, te podrás deducir el **80%**, lo que equivale a **120 €**.
- Por los **150 € restantes**, la deducción será del **35%**, es decir, **52,5 €**.

En total, habrás reducido tu cuota del IRPF en **172,5 €** gracias a esta donación. Si esta ONG ha sido la misma a la que llevas donando durante tres o más años, la deducción por la parte que excede los 150 € subiría al 40%, lo que incrementaría tu ahorro fiscal.

Entidades beneficiarias de la deducción

No todas las donaciones desgravan en el IRPF. Para que las aportaciones realizadas tengan derecho a deducción, deben ir destinadas a entidades que estén reconocidas legalmente como beneficiarias de este incentivo fiscal. Entre ellas se incluyen:

- **ONG** de cooperación al desarrollo, derechos humanos, medio ambiente, etc.
- **Fundaciones** que promueven actividades culturales, educativas, sanitarias o sociales.
- **Entidades religiosas**.
- **Universidades públicas** o centros de investigación adscritos a estas.
- **Organismos internacionales** de carácter benéfico o cultural.

Es importante asegurarse de que la organización a la que donas está registrada y es reconocida oficialmente como entidad beneficiaria, ya que solo entonces podrás aplicar la deducción. La organización debe proporcionar un certificado de donación que te servirá como justificante para la declaración de la renta.

Límite de la deducción

El importe máximo que puedes deducir por donaciones está limitado al **10% de tu base liquidable** en el IRPF. Esto significa que, aunque puedes realizar donaciones por cualquier cantidad, solo podrás aplicar la deducción hasta ese límite máximo.

Por ejemplo, si tu base liquidable es de 30.000 €, el máximo que podrías deducir por donaciones sería **3.000 €**. Cualquier cantidad que exceda ese límite no tendrá derecho a deducción.

Donaciones en especie

Además de las donaciones monetarias, también es posible desgravar las **donaciones en especie**, es decir, aquellas en las que se donan bienes o activos en lugar de dinero. Estas donaciones pueden incluir:

- Bienes inmuebles (casas, terrenos).

- Obras de arte.
- Acciones o participaciones en empresas.
- Otros bienes materiales o servicios.

En estos casos, el valor de la donación será el que determine una **tasación oficial** o el valor de mercado del bien en el momento de la donación. La deducción será similar a la de las donaciones monetarias, siempre que se cumplan los requisitos y se destinen a entidades reconocidas.

Incentivos fiscales adicionales en comunidades autónomas

Algunas comunidades autónomas ofrecen **deducciones adicionales** a las estatales por donaciones, lo que puede aumentar el ahorro fiscal para los contribuyentes que realizan este tipo de aportaciones. Estas deducciones varían según la comunidad y pueden estar dirigidas a apoyar causas específicas, como la conservación del patrimonio histórico o cultural de la región.

Por ejemplo:

- **Madrid**: ofrece una deducción del **15%** adicional para donaciones destinadas a la conservación del patrimonio histórico.
- **Cataluña**: tiene deducciones adicionales por donaciones a entidades dedicadas a la investigación científica o la innovación tecnológica.
- **Andalucía**: permite deducir el **15%** de las donaciones a fundaciones y asociaciones declaradas de interés público andaluz.

Es recomendable que los contribuyentes verifiquen las deducciones específicas de su comunidad autónoma para maximizar el beneficio fiscal.

Ventajas de las donaciones recurrentes

Realizar **donaciones recurrentes** a una misma entidad no solo es beneficioso para las organizaciones que dependen de aportaciones regulares para financiar sus actividades, sino que también otorga ventajas fiscales al contribuyente.

Como mencionamos anteriormente, si donas de manera recurrente a una misma entidad durante tres o más años consecutivos y el importe es igual o superior en cada ejercicio, la deducción sobre las cantidades que exceden los 150 € sube del **35%** al **40%**.

Por tanto, si eres un contribuyente que apoya regularmente una causa, es recomendable mantener la recurrencia y la constancia en las aportaciones para obtener esta mejora fiscal.

Consideraciones finales sobre las donaciones

Las donaciones no solo representan un compromiso con la sociedad, sino que también ofrecen un importante incentivo para los contribuyentes que buscan optimizar su declaración de la renta. Al destinar parte de tus recursos a una causa benéfica, puedes obtener un **doble beneficio**: contribuir al bienestar social y, al mismo tiempo, reducir tu carga fiscal.

5. Deducción por familia numerosa o dependientes

El sistema fiscal español ofrece una serie de beneficios y deducciones fiscales para aquellos contribuyentes que tienen **familias numerosas**, **hijos menores** o mayores con discapacidad, así como otros **dependientes** (personas mayores o discapacitadas a cargo). Estas deducciones son un recurso importante para reducir la carga fiscal, aliviando económicamente a las familias con más responsabilidades familiares.

Deducción por familia numerosa

Las familias numerosas, que según la legislación española son aquellas con **tres o más hijos** (o con dos hijos si uno de ellos tiene alguna discapacidad), pueden beneficiarse de deducciones fiscales adicionales en el IRPF.

¿En qué consiste la deducción?

La deducción por familia numerosa es una cantidad fija que se puede restar directamente de la cuota íntegra del IRPF. Las deducciones para familias numerosas son las siguientes:

- **Familia numerosa general** (tres o más hijos): deducción de hasta **1.200 € anuales**.
- **Familia numerosa especial** (cinco o más hijos): deducción de hasta **2.400 € anuales**.

Es importante destacar que esta deducción se puede aplicar de forma **mensual** (100 € al mes) solicitando el abono anticipado, lo que permite a las familias recibir una ayuda directa sin esperar a la declaración de la renta. De lo contrario, se puede aplicar en la declaración del IRPF al final del ejercicio fiscal.

Familias monoparentales con dos hijos

En 2023 se introdujo una nueva deducción para las **familias monoparentales** con dos hijos a cargo, siempre que no reciban pensión alimenticia del otro progenitor. Estas familias pueden beneficiarse de una deducción de **1.200 € anuales** en las mismas condiciones que las familias numerosas.

Deducción por ascendientes o descendientes con discapacidad

Si tienes a tu cargo hijos, padres o familiares con **discapacidad**, puedes acceder a deducciones adicionales en el IRPF, que buscan aliviar la carga económica que supone el cuidado de personas con necesidades especiales.

¿Cuánto puedo deducir?

- **Por cada descendiente con discapacidad** (hijo a cargo): deducción de hasta **1.200 € anuales**.
- **Por cada ascendiente con discapacidad** (padre o madre a cargo): deducción de hasta **1.200 € anuales**.

Estas deducciones también se pueden solicitar de manera anticipada (100 € al mes), al igual que las deducciones por familia numerosa.

Requisitos

Para poder beneficiarte de estas deducciones, deben cumplirse los siguientes requisitos:

- La persona con discapacidad debe convivir contigo o depender económicamente de ti.
- El grado de discapacidad debe ser del **33% o superior** en el caso de los descendientes, o del **65% o superior** en el caso de los ascendientes (padres o abuelos).

Deducción por cuidado de descendientes menores de tres años

Si tienes hijos menores de tres años y ambos padres trabajan (por cuenta ajena o autónomos), puedes beneficiarte de una deducción adicional por gastos de guardería o centros de educación infantil.

¿En qué consiste?

Esta deducción es de hasta **1.000 € adicionales** al año, que se suman a los **1.200 €** que ya se pueden deducir por maternidad o paternidad (lo que totaliza un máximo de **2.200 €**). Para aplicar esta deducción, debes haber pagado los gastos de guardería o de centros autorizados, y la cantidad que se puede deducir dependerá de los pagos realizados.

Ejemplo práctico

Imagina que tienes un hijo de dos años que asiste a una guardería. Los gastos anuales de la guardería ascienden a **2.000 €**. Podrías deducir **1.200 €** por la deducción de maternidad/paternidad, y además, otros **1.000 €** por los gastos de guardería, lo que supone un ahorro total de **2.200 €** en el IRPF.

Deducciones autonómicas adicionales

Además de las deducciones estatales, muchas comunidades autónomas ofrecen incentivos adicionales para familias numerosas o personas con dependientes. A continuación, algunos ejemplos de estas bonificaciones:

- **Madrid**: deducción adicional de hasta **900 €** por cada hijo nacido o adoptado en el ejercicio fiscal.
- **Cataluña**: deducción de hasta **300 €** por cada descendiente

menor de tres años.
- **Andalucía**: deducción de hasta **600 €** por el nacimiento o adopción de hijos.
- **Comunidad Valenciana**: deducción adicional de **300 €** para las familias numerosas de categoría general, y de **600 €** para las familias numerosas de categoría especial.

Cada comunidad autónoma tiene sus propias normas y requisitos, por lo que es recomendable revisar la legislación específica de la región en la que resides para maximizar el ahorro fiscal.

¿Cómo aplicar estas deducciones?

Para poder aplicar estas deducciones, es necesario cumplir con ciertos requisitos y presentar la documentación necesaria en la declaración de la renta. A continuación, algunos pasos clave:

1. **Documentación**: Asegúrate de contar con el título oficial de familia numerosa o los certificados que acrediten la discapacidad del dependiente, ya que Hacienda puede solicitarlos para verificar la deducción.
2. **Solicitud de abono anticipado**: Si prefieres recibir el abono mensual en lugar de aplicarlo directamente en la declaración de la renta, puedes solicitarlo a través de la **Agencia Tributaria** (modelo 143), indicando los datos personales y la situación familiar.
3. **Declaración conjunta o individual**: En el caso de matrimonios o parejas, es importante analizar si es más conveniente realizar una declaración conjunta o individual para optimizar el beneficio fiscal. En algunas situaciones, la declaración conjunta puede permitir un mayor ahorro, especialmente si uno de los cónyuges tiene ingresos más bajos o si la familia numerosa incluye más de un dependiente.

Consideraciones finales sobre las deducciones por familia numerosa y dependientes

Aprovechar las deducciones fiscales relacionadas con la familia puede marcar una diferencia significativa en la factura fiscal anual. Si bien las deducciones estatales ofrecen un ahorro considerable, no hay que olvidar las deducciones autonómicas, que pueden aumentar aún más el ahorro en función de la comunidad autónoma en la que residas.

CAPÍTULO 3: OPTIMIZACIÓN FISCAL PARA AUTÓNOMOS

1. Gastos deducibles

Una de las principales ventajas de ser autónomo es la posibilidad de deducir ciertos gastos relacionados con tu actividad profesional, lo que permite reducir la base imponible y, en consecuencia, el importe a pagar en el IRPF o en el Impuesto de Sociedades, en caso de estar constituido como empresa. Aprovechar al máximo estas deducciones es clave para optimizar tu fiscalidad como autónomo.

¿Qué es un gasto deducible?

Un gasto deducible es aquel que está directamente relacionado con tu actividad profesional y que puedes restar de tus ingresos para calcular el **rendimiento neto**, es decir, la cantidad sobre la que pagarás impuestos. Para que un gasto sea considerado deducible, debe cumplir con tres requisitos principales:

1. **Estar vinculado a la actividad económica**: El gasto debe ser necesario para el ejercicio de tu profesión o negocio.
2. **Estar correctamente justificado**: Necesitas una factura válida que cumpla con los requisitos legales.
3. **Estar registrado en los libros contables**: Todos los gastos deben estar debidamente anotados en tu contabilidad, tanto en el libro de ingresos como en el de

gastos.

Lista de gastos deducibles

A continuación, repasamos los principales tipos de gastos deducibles a los que puedes acogerte si eres autónomo en España:

1. Alquiler y suministros del local o despacho

Si alquilas un local o despacho donde desarrollas tu actividad profesional, el coste del alquiler es **deducible** en su totalidad. Además, los gastos relacionados con los suministros de ese espacio (electricidad, agua, gas, teléfono, internet, etc.) también son deducibles.

- **Alquiler**: Puedes deducir el 100% del alquiler del local donde ejerces tu actividad, siempre que esté exclusivamente destinado a tu negocio.
- **Suministros**: Si trabajas desde casa, puedes deducir un **30% de los suministros** (agua, luz, gas, internet), sobre el porcentaje de la vivienda que esté afectado a la actividad. Es decir, si usas el 20% de tu casa como oficina, podrías deducir el 30% de los suministros correspondientes a ese 20%.

2. Gastos de transporte y desplazamiento

Los gastos de transporte relacionados con tu actividad profesional son deducibles, aunque debes tener en cuenta ciertas restricciones. Entre estos gastos se incluyen:

- **Kilometraje**: Si utilizas tu vehículo para desplazamientos profesionales, puedes deducir los gastos de combustible, peajes y aparcamiento, siempre que estén relacionados con tu actividad y puedas justificarlos. En algunos casos, puedes deducir un importe por kilómetro recorrido (aproximadamente 0,19 €/km) cuando no deduces los gastos del coche en sí.
- **Vehículo**: Solo puedes deducir el 100% de los gastos del vehículo (mantenimiento, gasolina, seguros) si lo utilizas exclusivamente para tu actividad. En sectores como el transporte, la enseñanza de conducción o los comerciales, se

suele justificar más fácilmente. Si no es el caso, la Agencia Tributaria te permitirá deducir solo el **50%** de estos gastos.
- **Transporte público**: Los billetes de tren, avión, taxi o autobús también son deducibles si los utilizas para desplazamientos relacionados con tu actividad profesional.

3. Gastos de formación y reciclaje profesional

Los **cursos de formación**, conferencias, talleres o cualquier gasto que realices para mejorar tus competencias profesionales también son deducibles. Esto incluye:

- Cursos y seminarios.
- Libros especializados.
- Inscripción a congresos o ferias relacionadas con tu sector.

La formación es fundamental para mantener tus conocimientos actualizados, y Hacienda reconoce estos gastos como una inversión en tu propio desarrollo profesional.

4. Material de oficina y equipos informáticos

Todo lo que utilices para el desarrollo de tu actividad, como **material de oficina** (papel, bolígrafos, carpetas) o equipos tecnológicos (ordenadores, impresoras, smartphones), es deducible. Recuerda que, si compras un bien de inmovilizado (por ejemplo, un ordenador o una impresora) que tenga una vida útil superior a un año, el gasto se deduce a través de la **amortización**, es decir, se distribuye en varios ejercicios fiscales.

- **Material de oficina**: Deduce el 100% de los consumibles como bolígrafos, papel, carpetas, etc.
- **Equipos informáticos**: Deduce la amortización de ordenadores, impresoras y otros equipos que superen los 300 € y cuya vida útil sea mayor a un año.

5. Dietas y gastos de manutención

Los autónomos también pueden deducir los **gastos de manutención** (comidas) siempre que se produzcan en el desarrollo de la actividad y cumplan ciertos requisitos. Desde 2018, las dietas tienen un tratamiento fiscal más claro, y se permite deducir hasta

26,67 € al día si estás en España, y hasta **48,08 € al día** en el extranjero, siempre que pagues mediante medios electrónicos (tarjeta de crédito o débito) y conserves el justificante.

Estos gastos son especialmente útiles para aquellos autónomos que necesitan desplazarse por trabajo y cubrir sus comidas fuera de su domicilio habitual.

6. Gastos de seguridad social y seguros

Las **cuotas de la Seguridad Social** que pagas como autónomo son completamente deducibles, así como los **seguros profesionales** que tengas contratados para proteger tu negocio, como seguros de responsabilidad civil, seguros médicos, entre otros.

- **Cuota de autónomos**: Deduce el 100% de las cuotas mensuales del **RETA** (Régimen Especial de Trabajadores Autónomos).
- **Seguros médicos**: Puedes deducir hasta **500 € anuales** por persona para seguros médicos de autónomos, cónyuges e hijos menores de 25 años.

7. Gastos financieros y comisiones bancarias

Los **intereses de préstamos** destinados a tu actividad profesional, como la financiación para la compra de equipos o locales, también son deducibles. Además, las **comisiones bancarias** de las cuentas utilizadas para la actividad profesional (mantenimiento de cuenta, comisiones por transferencias, etc.) también pueden restarse de tus ingresos.

8. Publicidad, marketing y servicios profesionales

Todos los gastos que realices para promocionar tu negocio, como campañas de publicidad, marketing en redes sociales o gastos en diseño gráfico, son deducibles. Además, si contratas a un gestor, abogado o asesor para ayudarte con la contabilidad o la gestión legal de tu negocio, esos servicios también son deducibles.

- **Publicidad**: Deduce los gastos en publicidad digital, carteles, anuncios en prensa, etc.
- **Servicios profesionales**: Deduce las facturas de asesores,

abogados o consultores que contrates para tu actividad.

Ejemplo práctico de deducción de gastos

Supongamos que eres autónomo y trabajas desde casa. Utilizas un despacho que ocupa el 20% de la superficie total de tu vivienda. Tus gastos anuales son los siguientes:

- **Alquiler**: 12.000 € al año.
- **Suministros (agua, luz, internet)**: 1.500 € al año.
- **Gastos de manutención**: 1.000 €.
- **Cuota de autónomos**: 3.600 €.

Podrías deducir:

- **20% del alquiler**: 2.400 €.
- **30% de los suministros correspondientes al despacho**: 90 € (20% de la vivienda × 30% de suministros).
- **Dietas**: Hasta 26,67 € por día trabajado fuera de casa (1.000 € en este ejemplo).
- **Cuota de autónomos**: 3.600 €.

Esto resultaría en un total de **7.090 €** de gastos deducibles, que se restarán de tus ingresos a la hora de calcular tu rendimiento neto.

Recomendaciones para deducir correctamente

1. **Guarda todas las facturas**: Los justificantes deben cumplir con los requisitos legales (nombre completo del proveedor, CIF, descripción del servicio o producto, etc.).
2. **Mantén una contabilidad ordenada**: Llevar los libros de ingresos y gastos de forma clara y actualizada es fundamental para evitar problemas con Hacienda.
3. **Consulta a un asesor fiscal**: Si tienes dudas sobre qué gastos puedes deducir, un asesor fiscal te ayudará a maximizar las deducciones y evitar errores.

2. Compatibilización de actividad con régimen de asalariado

En España, cada vez es más frecuente que una persona combine el trabajo por cuenta ajena con una actividad por cuenta propia. Esta situación plantea algunas oportunidades y desafíos a nivel fiscal, ya que debes declarar ingresos de dos fuentes diferentes y gestionar tanto el IRPF como las cotizaciones a la Seguridad Social. A continuación, veremos cómo maximizar la **optimización fiscal** en este contexto y qué aspectos debes tener en cuenta.

¿Cómo tributan los ingresos como asalariado y autónomo?

Cuando una persona trabaja como asalariado, el **IRPF** sobre sus rendimientos del trabajo se retiene directamente de la nómina, lo que simplifica el proceso de pago de impuestos. Sin embargo, si además eres autónomo, deberás añadir los ingresos por tu actividad profesional al total de tus ingresos en la **declaración de la renta**, donde ambos tipos de ingresos se suman.

Ingresos del trabajo (asalariado)

- Tus ingresos como asalariado están sujetos a las **retenciones de IRPF** que aplica tu empleador. Estas retenciones se calculan de acuerdo con tu sueldo anual estimado y tu situación personal y familiar (estado civil, hijos, etc.).
- Las retenciones que se aplican a tu nómina son un **adelanto** de los impuestos que debes pagar al final del ejercicio. Si tus ingresos no varían mucho y las retenciones son correctas, probablemente ya habrás pagado una parte importante de los impuestos antes de hacer la declaración de la renta.

Ingresos como autónomo

- Como autónomo, estás obligado a realizar **pagos fraccionados trimestrales** de IRPF a través del **modelo 130** (o modelo 131 si estás en módulos). En estos pagos fraccionados, se abona un 20% de los rendimientos netos obtenidos en cada trimestre (ingresos menos gastos deducibles).
- Al final del año, en la declaración de la renta, se sumarán todos tus ingresos, tanto los de tu trabajo asalariado como

los de tu actividad autónoma, y podrás deducir los pagos fraccionados que ya hayas realizado a lo largo del año.

Claves para optimizar la fiscalidad combinando ambas actividades

Combinar ambas actividades ofrece algunas ventajas fiscales, ya que permite aprovechar deducciones y reducir el impacto de ciertos impuestos. A continuación, te damos algunas estrategias clave para optimizar la fiscalidad si trabajas como autónomo y asalariado al mismo tiempo.

1. Revisar las retenciones del trabajo asalariado

Si los ingresos de tu actividad como autónomo son elevados, puedes acabar en un tramo superior de IRPF cuando se sumen ambos tipos de ingresos en tu declaración de la renta. Para evitar un susto fiscal a final de año, es recomendable **ajustar las retenciones** en tu nómina. Puedes solicitar a tu empresa que aumente las retenciones de IRPF en tu salario, de modo que no te enfrentes a un pago excesivo cuando presentes la declaración anual.

Por ejemplo, si sabes que tienes ingresos sustanciales como autónomo, pedir a tu empleador que incremente las retenciones en un par de puntos puede evitar que te salga a pagar una cantidad muy elevada en junio del año siguiente.

2. Aprovechar los gastos deducibles de la actividad como autónomo

Como hemos visto en la sección anterior, los autónomos tienen derecho a deducir una serie de gastos vinculados directamente con su actividad profesional. Estos gastos permiten reducir los **rendimientos netos** de tu actividad por cuenta propia, lo que se traduce en una base imponible menor y, por tanto, en un menor pago de impuestos.

Si trabajas desde casa, viajas por trabajo o tienes formación profesional relacionada con tu actividad como autónomo, asegúrate de deducir todos esos gastos. Incluso si el trabajo asalariado es tu principal fuente de ingresos, estas deducciones pueden aliviar considerablemente la carga fiscal global.

3. Beneficiarse de la reducción por inicio de actividad

Si acabas de empezar como autónomo y compaginas esa actividad con un empleo por cuenta ajena, puedes beneficiarte de la **reducción por inicio de actividad**. Durante los dos primeros años en los que generes rendimientos como autónomo, tienes derecho a reducir el **20% del rendimiento neto** de tu actividad, lo que se traduce en una significativa reducción de la base imponible.

Este incentivo es especialmente interesante para quienes empiezan un proyecto profesional sin dejar su empleo por cuenta ajena, ya que ofrece un alivio fiscal en los primeros años, cuando los beneficios de la actividad suelen ser más reducidos.

4. Revisar las bonificaciones en la cuota de autónomos

Si estás dado de alta como autónomo pero sigues trabajando por cuenta ajena, es posible que puedas beneficiarte de **bonificaciones en la cuota de la Seguridad Social** de autónomos, especialmente si esta es tu primera vez en el Régimen Especial de Trabajadores Autónomos (RETA).

- **Tarifa plana**: Si eres nuevo en el RETA y también trabajas como asalariado, puedes beneficiarte de la tarifa plana de 80 € al mes durante los primeros **12 meses**. Tras ese periodo, las bonificaciones se prolongan durante dos años adicionales, aunque con cuotas ligeramente superiores.
- **Reducción del 50%**: Si trabajas por cuenta ajena a jornada completa y te das de alta como autónomo, puedes solicitar una bonificación del **50%** de la cuota de autónomos durante los primeros 18 meses de actividad y del 25% durante los 18 meses siguientes. Esta medida busca aliviar la carga económica de los autónomos que también tienen empleo fijo.

5. Distribuir los ingresos a lo largo del año

Si tienes la flexibilidad para controlar los momentos en los que facturas como autónomo, una buena estrategia es **distribuir tus ingresos** a lo largo del año para evitar saltar a tramos superiores de IRPF. Recuerda que el sistema de IRPF es progresivo, por lo que, si concentras muchos ingresos en un solo año, podrías tributar a tipos más altos.

Para evitar esto, puedes ajustar tus ingresos como autónomo en función del año fiscal, retrasando o adelantando algunos cobros, en la medida de lo posible, para repartir mejor los ingresos y evitar pagar más impuestos de los necesarios.

6. Declaración conjunta o individual

Si estás casado y tu cónyuge también trabaja, tanto por cuenta ajena como propia, es importante analizar si es más conveniente hacer una **declaración conjunta** o **individual**. En muchos casos, la declaración conjunta puede suponer un ahorro, especialmente si uno de los cónyuges tiene ingresos más bajos. Esto permite agrupar los ingresos y beneficiarse de un tratamiento fiscal más favorable.

Si estás trabajando tanto como autónomo como asalariado, es recomendable hacer cálculos antes de elegir la modalidad de declaración, ya que puede haber diferencias significativas en la carga fiscal.

Ejemplo práctico

Imaginemos que María trabaja como contable para una empresa, con un salario de **30.000 € brutos anuales**, y al mismo tiempo ha comenzado a trabajar como autónoma asesorando a pequeñas empresas, generando unos ingresos netos de **10.000 €** anuales por esta actividad.

- Por su trabajo asalariado, María tiene retenido un 18% de IRPF en su nómina.
- Como autónoma, ha realizado pagos fraccionados trimestrales sobre sus rendimientos netos.

En la declaración de la renta, María tendrá que sumar sus ingresos de ambos trabajos, lo que podría hacer que pase a un tramo de IRPF superior. Para evitar una factura fiscal elevada, María podría:

1. Aumentar las retenciones en su salario para compensar

los mayores ingresos por su actividad como autónoma.
   2. Aprovechar al máximo las deducciones de los gastos relacionados con su actividad de autónoma, como los desplazamientos, material de oficina y formación.
   3. Solicitar la **reducción por inicio de actividad**, ya que es su primer año como autónoma.

Al aplicar estas estrategias, María puede optimizar su carga fiscal y evitar sorpresas en la declaración de la renta.

Conclusión de la sección:
Trabajar como **autónomo y asalariado** a la vez ofrece una serie de ventajas fiscales que pueden ayudar a reducir la factura fiscal si se gestionan adecuadamente. Revisar las retenciones, aprovechar las deducciones por gastos, y beneficiarse de bonificaciones en la cuota de autónomos son algunas de las claves para optimizar la fiscalidad cuando se combinan ambas actividades. Además, la planificación de ingresos y la elección de declaración conjunta o individual también juegan un papel importante.

3. Reducción por inicio de actividad

Cuando te das de alta como autónomo en España, ya sea porque has decidido emprender o porque quieres compaginar una actividad profesional con otro empleo, es posible que no obtengas grandes beneficios en los primeros años de tu actividad. Para ayudar a los autónomos que están arrancando, la legislación fiscal ofrece una **reducción por inicio de actividad** que te permite reducir los impuestos que pagas por los beneficios obtenidos durante los primeros años de tu negocio.

Esta reducción es un incentivo diseñado para aliviar la carga fiscal de los nuevos autónomos y darles más margen financiero en la fase inicial de su proyecto, cuando los ingresos suelen ser más inciertos.

¿En qué consiste la reducción por inicio de actividad?

La reducción por inicio de actividad permite aplicar una **rebaja del 20%** sobre el **rendimiento neto** obtenido en tu actividad profesional durante los primeros años como autónomo. Esta reducción se aplica sobre el rendimiento neto de la actividad, que es la diferencia entre los ingresos obtenidos y los gastos deducibles.

- **20% de reducción** sobre el rendimiento neto positivo, aplicable durante los dos primeros años en los que obtengas beneficios.
- La reducción se aplica tanto si tributas en **estimación directa** como en **estimación objetiva** (módulos).

El objetivo de esta medida es que los autónomos paguen menos impuestos durante sus primeros años de actividad, ya que es habitual que los ingresos sean más bajos al principio.

Requisitos para aplicar la reducción

Para poder beneficiarte de esta reducción fiscal, debes cumplir ciertos requisitos:

1. **Alta en el RETA**: Debes estar dado de alta en el Régimen Especial de Trabajadores Autónomos (RETA) y no haber estado dado de alta como autónomo en los **cinco años anteriores**. Esto significa que la reducción solo está disponible para aquellos que se inician en la actividad profesional o han pasado al menos cinco años sin haber sido autónomos.
2. **Duración de la reducción**: La reducción del 20% se aplica durante los dos primeros años en los que declares beneficios como autónomo. Es decir, si en el primer año de actividad tienes pérdidas o no generas ingresos suficientes, el "contador" de los dos años comenzará en el primer ejercicio en el que obtengas un rendimiento neto positivo.
3. **Compatibilidad con otras deducciones**: Esta reducción es compatible con otras deducciones y bonificaciones

fiscales que puedes aplicar como autónomo. Por ejemplo, puedes seguir deduciendo todos los gastos relacionados con tu actividad (alquiler, suministros, transporte, etc.) y aprovechar esta reducción sobre el beneficio neto resultante.

Ejemplo práctico de aplicación

Imaginemos que te das de alta como autónomo en 2024 y empiezas a ofrecer servicios de diseño gráfico. Durante tu primer año, obtienes unos ingresos de **30.000 €**, y tienes unos gastos deducibles de **10.000 €** (por alquiler de oficina, software, formación, etc.). El rendimiento neto sería de **20.000 €** (30.000 € - 10.000 €).

Con la **reducción por inicio de actividad**, podrás reducir el 20% de esos 20.000 €, es decir, **4.000 €**. Por lo tanto, tu base imponible sobre la que se calculará el IRPF será de **16.000 €**, en lugar de 20.000 €.

Esto supone una diferencia significativa en el cálculo de impuestos, ya que la base imponible se reduce antes de aplicar los tramos de IRPF correspondientes.

Beneficios adicionales para nuevos autónomos

Además de la reducción por inicio de actividad, los nuevos autónomos tienen acceso a otros beneficios fiscales y bonificaciones que pueden aliviar los costes durante los primeros años. Algunos de los más destacados son:

1. **Tarifa plana de autónomos**: Durante los primeros 12 meses de actividad, puedes beneficiarte de la tarifa plana de **80 €** mensuales en la cuota de autónomos (RETA). Tras este periodo, las bonificaciones se extienden otros dos años, con una cuota mensual reducida. Esta medida es especialmente importante para aquellos autónomos cuyos ingresos son bajos en los primeros meses de actividad.
2. **Reducción en las retenciones de IRPF**: Si te das de alta

como autónomo y tu actividad está sujeta a **retenciones de IRPF** (por ejemplo, si emites facturas a empresas o profesionales), puedes beneficiarte de una reducción en el porcentaje de retención durante los primeros tres años. Normalmente, las retenciones aplicables son del 15%, pero los nuevos autónomos pueden aplicar una **retención reducida del 7%** durante los primeros tres años de actividad, lo que permite disponer de más liquidez en el día a día.

¿Cuándo es más ventajosa esta reducción?

La **reducción por inicio de actividad** es particularmente útil para aquellos autónomos que, desde el principio, tienen unos ingresos regulares o esperan obtener beneficios rápidamente. Si en tus primeros años como autónomo logras generar buenos rendimientos, esta reducción del 20% sobre el rendimiento neto puede ayudarte a reducir considerablemente la carga fiscal.

Sin embargo, si prevés que tus ingresos van a ser bajos en los primeros ejercicios o que tendrás más gastos que ingresos (por ejemplo, en proyectos a largo plazo donde los beneficios lleguen más tarde), es probable que no puedas aprovechar esta reducción inmediatamente. En esos casos, el beneficio fiscal solo se aplicará cuando empieces a generar rendimientos netos positivos.

Estrategias para maximizar la reducción

Para aprovechar al máximo la reducción por inicio de actividad, puedes planificar los ingresos y gastos de tu actividad de manera que el impacto fiscal sea más favorable en los dos primeros años en los que generes beneficios. Algunas estrategias incluyen:

- **Adelantar ingresos o retrasar gastos**: Si tienes flexibilidad en cuanto a la facturación de tus ingresos, puedes planificar para que los beneficios más altos se concentren en los dos primeros años, y posponer ciertos gastos deducibles para ejercicios futuros, cuando ya no dispongas de esta reducción.
- **Aprovechar los pagos fraccionados**: Aunque la

reducción se aplica en la declaración anual de la renta, los pagos fraccionados trimestrales pueden reflejar también la reducción en la base imponible estimada, lo que permite reducir la cantidad que tienes que abonar en esos pagos.

- **Hacer un uso eficiente de la tarifa plana y las bonificaciones**: Si combinas la reducción por inicio de actividad con la tarifa plana de autónomos y las retenciones reducidas de IRPF, conseguirás un ahorro fiscal considerable en los primeros años de tu actividad, justo cuando los márgenes suelen ser más ajustados.

Conclusión de la sección:

La **reducción por inicio de actividad** es una excelente herramienta para los autónomos que comienzan su andadura profesional, ya que permite reducir el 20% de los beneficios obtenidos durante los dos primeros años de actividad. Combinada con la tarifa plana de autónomos y la reducción en las retenciones de IRPF, esta medida puede aliviar significativamente la carga fiscal de los nuevos emprendedores y permitirles un mayor margen de maniobra en sus primeros pasos.

4. Planificación de ingresos y gastos

Una de las herramientas más poderosas que tiene un autónomo para reducir su carga fiscal es la **planificación de ingresos y gastos**. A diferencia de los asalariados, los autónomos tienen cierta flexibilidad para gestionar cuándo facturar, qué gastos deducir y cómo distribuirlos a lo largo del año. Con una buena planificación, puedes reducir tu base imponible y, en consecuencia, los impuestos que debes pagar.

¿Por qué es importante planificar ingresos y gastos?

El **rendimiento neto** de tu actividad profesional (ingresos menos gastos deducibles) es lo que determina la base sobre la que se aplican los tipos impositivos del IRPF. Si no planificas adecuadamente, podrías verte en situaciones donde tus ingresos concentrados en un solo año te hagan tributar en tramos más altos del IRPF, lo que implica pagar más impuestos de lo necesario.

Al gestionar los ingresos y los gastos de manera estratégica, puedes suavizar las variaciones en tu rendimiento neto a lo largo del año o de varios ejercicios, evitando un salto a tramos impositivos más altos. Además, con una buena previsión, podrás optimizar los **pagos fraccionados** y mejorar tu **liquidez**, algo esencial para cualquier autónomo.

Estrategias para planificar ingresos

La planificación de ingresos implica decidir cuándo facturar a tus clientes para optimizar el impacto fiscal. Aunque no siempre tendrás el control total sobre cuándo recibir tus pagos, en muchas actividades es posible acordar los plazos de facturación con los clientes.

1. Distribuir ingresos a lo largo del año

Si en un determinado trimestre anticipas que tendrás muchos ingresos y pocos gastos deducibles, es recomendable que distribuyas esos ingresos para evitar que tu base imponible sea muy elevada en ese periodo. Por ejemplo, podrías retrasar la emisión de facturas para el siguiente trimestre o incluso al siguiente año fiscal si es posible, de manera que no concentres grandes ingresos en un solo periodo.

Esto es especialmente importante cuando se acerca el final del año, ya que cualquier ingreso que difieras para el siguiente ejercicio puede ayudarte a mantenerte dentro de un tramo de IRPF más bajo.

2. Adelantar ingresos en tramos bajos

Por otro lado, si durante un año tienes ingresos bajos por alguna circunstancia (como una disminución temporal de actividad), puede ser conveniente adelantar la facturación de proyectos para ese mismo ejercicio. Esto te permitirá **aprovechar los tramos más bajos del IRPF**, evitando que esos ingresos facturados en un ejercicio con más actividad te lleven a un tramo impositivo más alto.

Por ejemplo, si has tenido un año flojo en términos de ingresos, podrías decidir cerrar proyectos antes del fin de año, asegurando que esos ingresos se tributen a un tipo menor.

Estrategias para planificar gastos

Al igual que con los ingresos, puedes gestionar los **gastos deducibles** de manera estratégica para maximizar las deducciones en los momentos en que más lo necesites.

1. Adelantar o posponer gastos

Si anticipas que tendrás un año con ingresos elevados, puedes optar por **adelantar ciertos gastos deducibles** (como la compra de equipos, inversiones en publicidad o gastos de formación) para reducir tu base imponible en ese ejercicio. Esto te ayudará a compensar el aumento de ingresos y evitar pagar impuestos sobre una base imponible mayor.

Por ejemplo, si sabes que en el próximo año tendrás menos ingresos, podrías adelantar la compra de un ordenador o un vehículo profesional a este ejercicio, aprovechando la deducción en un momento en que tu base imponible es mayor.

Por otro lado, si esperas que el próximo año sea más rentable, puedes optar por **posponer ciertos gastos** para deducirlos cuando más te beneficie. Esto incluye, por ejemplo, renovaciones o mejoras en tu local de trabajo, que pueden esperar al siguiente ejercicio para maximizar su impacto fiscal en un año con más ingresos.

2. Amortización de bienes

Los bienes de inmovilizado (como equipos, vehículos o mobiliario) no se deducen de golpe en el año en que los compras, sino que su coste se distribuye a lo largo de varios ejercicios fiscales a través de la **amortización**. Este proceso permite ir deduciendo una parte del coste cada año, en función de la vida útil del bien.

La amortización es una estrategia de planificación importante, ya

que puedes elegir la forma en que amortizas los bienes (acelerada
o normal) para ajustar las deducciones según tus necesidades
fiscales de cada año. En los primeros años de actividad, cuando
los ingresos son más bajos, puede ser conveniente utilizar la
amortización **acelerada**, que te permite deducir una mayor parte
del gasto en los primeros ejercicios.

3. Gastos fijos y variables

En la planificación de gastos también es útil tener en cuenta la
naturaleza de los gastos que puedes deducir. Existen **gastos fijos**,
como el alquiler o la cuota de autónomos, que se mantendrán
estables durante todo el año. Sin embargo, los **gastos variables**,
como los suministros, el transporte, o los gastos de formación, te
ofrecen mayor flexibilidad.

Puedes ajustar estos gastos variables para aprovechar deducciones
en los momentos más adecuados. Por ejemplo, si tienes un mes
con muchos ingresos, podrías aprovechar para incurrir en ciertos
gastos deducibles, como publicidad o la compra de material, que
reduzcan la base imponible de ese trimestre.

Planificación de pagos fraccionados

Como autónomo, estás obligado a realizar **pagos fraccionados
trimestrales** a cuenta del IRPF. Estos pagos se calculan sobre
el rendimiento neto de tu actividad hasta la fecha, por lo que
una buena planificación de ingresos y gastos también te permite
optimizar el importe de los pagos fraccionados.

- **Reducir la base imponible de los pagos fraccionados**: Si planificas tus gastos de manera que se concentren antes de los plazos de los pagos fraccionados, podrás reducir la base imponible en ese trimestre, lo que se traducirá en pagos menores a Hacienda.
- **Evitar pagos fraccionados elevados**: Si anticipas que tus ingresos serán bajos en el último trimestre del año, puedes concentrar algunos gastos en trimestres anteriores para reducir los pagos fraccionados, evitando que te salga a pagar

mucho al final del ejercicio.

Consideraciones finales sobre la planificación fiscal

La planificación de ingresos y gastos es una estrategia esencial para cualquier autónomo que quiera optimizar su fiscalidad y evitar sorpresas desagradables al final del ejercicio. Es importante tener en cuenta que la normativa fiscal cambia con frecuencia, por lo que es recomendable **consultar a un asesor fiscal** que te ayude a aplicar estas estrategias de manera efectiva y legal.

Conclusión de la sección:

La **planificación de ingresos y gastos** es clave para minimizar el impacto fiscal como autónomo. Adelantar o retrasar facturas, gestionar los gastos deducibles y amortizar bienes de manera eficiente te permitirá controlar mejor la base imponible sobre la que pagas impuestos. Además, una buena planificación de los pagos fraccionados evitará que tengas que hacer pagos excesivos o inesperados a Hacienda al final del año fiscal.

CAPÍTULO 4: INVERSIONES Y FISCALIDAD

1. Inversión en inmuebles

La inversión en inmuebles ha sido tradicionalmente una de las formas más comunes de inversión en España, tanto para particulares como para empresas. Comprar, vender o alquilar propiedades puede generar buenos rendimientos, pero también tiene implicaciones fiscales que es fundamental conocer y optimizar. En esta sección, veremos cómo estructurar una inversión inmobiliaria para minimizar el pago de impuestos y aprovechar las deducciones disponibles.

Compra de inmuebles

Cuando compras una propiedad como inversión, ya sea para alquilarla o esperar a que aumente su valor para venderla, es importante conocer los impuestos que pagarás y cómo deducir ciertos gastos asociados a la compra.

Impuestos a la compra

1. **Impuesto de Transmisiones Patrimoniales (ITP)**: Si compras una vivienda de segunda mano, deberás pagar el **ITP**, cuyo porcentaje varía según la comunidad autónoma. El tipo impositivo suele oscilar entre el **6% y el 10%** del valor del inmueble.
2. **IVA**: Si compras una vivienda nueva directamente al

promotor, pagarás un **IVA** del **10%** sobre el precio de compra (para viviendas de uso residencial) o del **21%** si el inmueble tiene un uso distinto (locales comerciales, por ejemplo).
3. **Impuesto sobre Actos Jurídicos Documentados (IAJD)**: Además del ITP o el IVA, las compras de inmuebles están sujetas al IAJD, que varía entre el **0,5% y el 1,5%**, dependiendo de la comunidad autónoma.

Deducción de gastos asociados

Al comprar una propiedad, es posible deducir algunos de los gastos asociados a la operación si el inmueble se destina a **alquiler** o actividad económica, lo que reducirá la base imponible del IRPF o del Impuesto de Sociedades si operas como una empresa. Entre estos gastos deducibles se incluyen:

- **Gastos de notaría** y **registro de la propiedad**.
- **Honorarios de la gestoría**.
- **Comisiones inmobiliarias** pagadas al intermediario.
- **Intereses del préstamo hipotecario** (si el inmueble está financiado).

Es importante conservar todos los justificantes y facturas para poder aplicar estas deducciones correctamente en la declaración de la renta.

Alquiler de inmuebles

Si decides alquilar una propiedad que has adquirido, los ingresos que generes por el alquiler están sujetos a tributación en el IRPF como **rendimientos del capital inmobiliario**. Sin embargo, también tienes derecho a deducir una serie de gastos que se pueden restar de los ingresos obtenidos, lo que reduce considerablemente la base imponible.

Reducción por alquiler de vivienda

Uno de los principales beneficios fiscales para quienes alquilan una vivienda es la **reducción del 60%** sobre los rendimientos netos obtenidos por el alquiler de vivienda habitual. Esto significa que, tras deducir los gastos asociados al alquiler, solo tributarás sobre el **40% del beneficio** restante, lo que supone un ahorro fiscal muy significativo.

- Este beneficio solo aplica al alquiler de **viviendas habituales**. Los alquileres vacacionales o de locales comerciales no tienen derecho a esta reducción.

Gastos deducibles del alquiler

Puedes deducir una serie de gastos relacionados con el mantenimiento y gestión de la propiedad alquilada, lo que te permitirá reducir el rendimiento neto y, por tanto, pagar menos impuestos. Entre los gastos deducibles se incluyen:

- **Intereses del préstamo hipotecario** si compraste el inmueble con financiación.
- **Gastos de mantenimiento y reparaciones** necesarias para conservar la vivienda (pintura, reparaciones menores, etc.).
- **Suministros** (agua, luz, gas) si los pagas tú como propietario.
- **Seguros del hogar**.
- **Impuestos y tasas municipales**, como el **Impuesto sobre Bienes Inmuebles (IBI)**, la tasa de basuras, etc.
- **Amortización del inmueble y sus bienes**: Puedes deducir un 3% del valor de adquisición del inmueble (sin incluir el suelo) por la depreciación o desgaste de la propiedad, además del valor de los muebles y enseres si los tienes.

Estos gastos se deducen de los ingresos brutos por alquiler, lo que reduce considerablemente el beneficio neto sobre el que pagas impuestos.

Venta de inmuebles

Cuando vendes un inmueble que has mantenido como inversión, deberás tributar por las **ganancias patrimoniales** obtenidas. La ganancia patrimonial se calcula restando el **precio de venta** al **precio de adquisición**, incluyendo los gastos asociados a la compra y venta.

Tributación de la ganancia patrimonial

Las ganancias obtenidas por la venta de inmuebles tributan en la base del **ahorro** en el IRPF, a los siguientes tipos:

1. **19%** para los primeros 6.000 € de ganancia.
2. **21%** para las ganancias entre 6.001 € y 50.000 €.
3. **23%** para las ganancias superiores a 50.000 €.
4. **27%** para las ganancias que superen los 200.000 € (a partir de 2024).

Exención por reinversión en vivienda habitual

Si vendes tu vivienda habitual y reinviertes el importe obtenido en la compra de una **nueva vivienda habitual**, podrás acogerte a la **exención por reinversión**. Esta medida te permite **no tributar** por las ganancias obtenidas en la venta, siempre y cuando reinviertas el total de la venta en la compra de otra vivienda en un plazo de dos años.

- Para poder aplicar esta exención, la vivienda vendida debe haber sido tu residencia habitual durante, al menos, **tres años**.

Compensación de pérdidas patrimoniales

Si en algún momento has vendido inmuebles u otros activos con **pérdidas**, puedes utilizar esas pérdidas para **compensar las ganancias patrimoniales** obtenidas en la venta de inmuebles. Esta es una estrategia fiscal útil para reducir el impacto de las plusvalías y pagar menos impuestos por la venta de una propiedad.

Impuesto sobre el Incremento del Valor de los Terrenos de Naturaleza Urbana (Plusvalía Municipal)

Al vender un inmueble, además de pagar por las ganancias patrimoniales en el IRPF, también deberás abonar la **Plusvalía Municipal**. Este impuesto grava el incremento del valor del suelo en el tiempo transcurrido entre la compra y la venta del inmueble. El cálculo se basa en el **valor catastral** del suelo y el número de años que el inmueble ha estado en tu poder.

En los últimos años, han surgido sentencias y reformas que permiten a los contribuyentes reclamar o reducir la Plusvalía Municipal en casos donde el valor del suelo no ha aumentado, o incluso cuando se ha vendido el inmueble con pérdidas. Es recomendable revisar si puedes acogerte a estas medidas, ya que podrías reducir o eliminar este impuesto en ciertos casos.

Estrategias para optimizar la fiscalidad en inmuebles

Para maximizar los beneficios fiscales en tus inversiones inmobiliarias, es recomendable seguir algunas estrategias clave:

- **Planificación de la venta**: Si tienes flexibilidad para vender un inmueble, planifica el momento de la venta para minimizar el impacto fiscal. Si es posible, vende cuando tengas **pérdidas patrimoniales** anteriores que puedas compensar con la ganancia.
- **Aprovechar la exención por reinversión**: Si vendes tu vivienda habitual, asegúrate de reinvertir en otra vivienda habitual para aprovechar la exención por reinversión de las ganancias patrimoniales.
- **Optimización de alquileres**: Si alquilas tu propiedad, asegúrate de deducir todos los gastos posibles para reducir tu base imponible y aprovecha la reducción del 60% sobre los rendimientos netos por alquiler de vivienda habitual.

Conclusión de la sección:

La **inversión en inmuebles** ofrece varias oportunidades para reducir la carga fiscal, desde las deducciones por gastos asociados al alquiler hasta las exenciones en la venta de la vivienda habitual. Aprovechar estos beneficios y planificar adecuadamente los momentos de compra, alquiler y venta es clave para optimizar los impuestos a pagar y aumentar la rentabilidad de tus inversiones inmobiliarias.

2. Inversiones en bolsa y

fondos de inversión

Invertir en los mercados financieros, ya sea en **acciones** o en **fondos de inversión**, puede ofrecer grandes oportunidades de rentabilidad a largo plazo. Sin embargo, también conlleva obligaciones fiscales que debes conocer y estrategias que puedes aplicar para optimizar la tributación de las ganancias obtenidas o para compensar las pérdidas.

Tributación de las inversiones en bolsa

Cuando inviertes en acciones, la fiscalidad entra en juego tanto en el momento de recibir **dividendos** como en la **venta de acciones**. Cada tipo de operación tiene un tratamiento fiscal diferente, por lo que es esencial entender cómo funcionan para optimizar el pago de impuestos.

1. Dividendos

Si has invertido en acciones de empresas que reparten dividendos, estos rendimientos del capital mobiliario tributan en la base del ahorro del IRPF. Los dividendos recibidos están sujetos a retención en el momento del cobro (normalmente del **19%**) y, cuando haces la declaración de la renta, se suman a tus ingresos del ahorro, aplicándose los siguientes tipos impositivos:

1. **19%** sobre los primeros 6.000 €.
2. **21%** sobre los ingresos entre 6.001 € y 50.000 €.
3. **23%** sobre los ingresos entre 50.001 € y 200.000 €.
4. **27%** sobre los ingresos superiores a 200.000 € (a partir de 2024).

Anteriormente, los primeros 1.500 € de dividendos estaban exentos de tributación, pero esta exención se eliminó en 2015, por lo que ahora todos los dividendos están sujetos a IRPF.

2. Venta de acciones (ganancias patrimoniales)

Cuando vendes acciones, debes tributar por las **ganancias patrimoniales** obtenidas, es decir, la diferencia entre el **precio de venta** y el **precio de adquisición** de las acciones. Al igual que

ocurre con los dividendos, estas ganancias patrimoniales tributan en la base del ahorro del IRPF a los siguientes tipos:
- **19%** para los primeros 6.000 €.
- **21%** para ganancias entre 6.001 € y 50.000 €.
- **23%** para ganancias entre 50.001 € y 200.000 €.
- **27%** para ganancias que superen los 200.000 € (a partir de 2024).

Si las acciones han permanecido en tu cartera durante muchos años, el incremento del valor puede ser significativo, lo que te llevaría a tributar por una ganancia considerable al venderlas. Para minimizar el impacto fiscal, es recomendable aplicar estrategias como la compensación de pérdidas, que veremos más adelante.

Tributación de los fondos de inversión

Los **fondos de inversión** son uno de los productos más populares entre los inversores en España debido a su flexibilidad y las ventajas fiscales que ofrecen, sobre todo en comparación con la compra directa de acciones.

1. Traspaso entre fondos (diferimiento fiscal)

Una de las grandes ventajas fiscales de los fondos de inversión es que puedes realizar **traspasos** entre fondos sin tributar por las ganancias obtenidas. Esto significa que puedes mover tu dinero de un fondo a otro sin pagar impuestos por las plusvalías acumuladas, lo que permite diferir la tributación hasta que decidas **reembolsar** el fondo y convertir la inversión en dinero líquido.

Este mecanismo de diferimiento fiscal te permite ajustar tu cartera de inversión sin el impacto fiscal inmediato que tendrías si vendieras acciones directamente. Solo pagarás impuestos cuando decidas reembolsar el dinero, momento en el que tributarás por las ganancias patrimoniales al igual que con las acciones.

2. Reembolso de fondos (ganancias patrimoniales)

Al igual que en la venta de acciones, cuando decides reembolsar un fondo de inversión, tributarás por la diferencia entre el valor de venta y el valor de adquisición (ganancia patrimonial) a los tipos impositivos de la base del ahorro:

- **19%** para los primeros 6.000 €.
- **21%** para ganancias entre 6.001 € y 50.000 €.
- **23%** para ganancias entre 50.001 € y 200.000 €.
- **27%** para ganancias que superen los 200.000 € (a partir de 2024).

A la hora de realizar el reembolso, Hacienda aplicará una **retención del 19%** sobre las ganancias obtenidas, que se regularizará en la declaración de la renta.

Ventajas fiscales de mantener inversiones a largo plazo

Uno de los principios básicos para optimizar fiscalmente las inversiones en bolsa y fondos de inversión es mantener las posiciones a **largo plazo**. A diferencia de los rendimientos del trabajo, que tributan en la base general (con tipos impositivos más altos), las ganancias patrimoniales de las inversiones tributan a tipos más bajos en la **base del ahorro**.

1. Diferimiento de la tributación

El diferimiento de la tributación es una estrategia esencial para los inversores. Cuanto más tiempo mantengas las inversiones sin vender, más tiempo podrás aprovechar el crecimiento del capital sin tener que tributar por él. Esto es especialmente ventajoso en el caso de los fondos de inversión, donde los traspasos permiten ajustar la cartera sin tener que declarar las ganancias hasta que decidas reembolsar.

2. Compensación de pérdidas y ganancias

Uno de los mayores beneficios fiscales para los inversores es la posibilidad de **compensar pérdidas** con ganancias, lo que permite reducir la base imponible de las ganancias patrimoniales.

- **Compensación dentro del mismo ejercicio**: Si has obtenido ganancias con la venta de unas acciones o el reembolso de un fondo, pero también has sufrido pérdidas con otras inversiones, puedes compensar ambas operaciones. Es decir, puedes restar las pérdidas a las ganancias y tributar solo por el saldo neto.

- **Compensación en ejercicios futuros**: Si las pérdidas superan a las ganancias en un ejercicio, puedes arrastrar esas pérdidas durante los **cuatro ejercicios fiscales siguientes** para compensarlas con futuras ganancias. Esta estrategia te permite optimizar la carga fiscal a lo largo del tiempo.

Ejemplo práctico

Imagina que en 2024 vendes unas acciones con una ganancia de **10.000 €**, pero también has vendido otras acciones con una pérdida de **4.000 €**. En lugar de tributar por los 10.000 €, puedes compensar las pérdidas y tributar solo por la **ganancia neta de 6.000 €**.

Si no tienes ganancias suficientes para compensar las pérdidas en el mismo ejercicio, puedes usar esas pérdidas en los siguientes cuatro años. Así, cuando en un futuro tengas una ganancia elevada, podrás compensarla con las pérdidas no utilizadas.

Estrategias para optimizar la tributación de inversiones

Para reducir al mínimo la carga fiscal de las inversiones, es recomendable aplicar algunas estrategias que pueden mejorar el resultado final en tu declaración de la renta.

1. Planificar las ventas

Si tienes inversiones con ganancias, evalúa si puedes retrasar la venta hasta el siguiente ejercicio fiscal para evitar concentrar demasiadas ganancias en un solo año, lo que podría llevarte a tributar a un tipo más alto.

También es útil planificar las ventas de las inversiones en años en los que preveas tener menos ingresos, de modo que puedas aprovechar los tramos más bajos de IRPF.

2. Usar la compensación de pérdidas estratégicamente

Si sabes que has tenido pérdidas en un ejercicio, puede ser una buena idea vender algunas de tus inversiones con ganancias para compensarlas y reducir la carga fiscal. De igual manera, si tienes muchas pérdidas acumuladas, puedes planificar las ventas en los próximos años para aprovechar estas pérdidas y reducir el impuesto sobre las ganancias.

3. Reinvertir en fondos de inversión

Si te preocupa la volatilidad del mercado o necesitas hacer ajustes en tu cartera, aprovecha la posibilidad de realizar **traspasos entre fondos** sin tributar, en lugar de vender directamente las inversiones. Esto te permitirá seguir optimizando tu cartera sin incurrir en un coste fiscal inmediato.

Conclusión de la sección:
Las **inversiones en bolsa y fondos de inversión** ofrecen múltiples oportunidades para generar rentabilidad, pero también implican obligaciones fiscales que es necesario conocer y gestionar adecuadamente. Aprovechar el diferimiento de la tributación en fondos, compensar pérdidas con ganancias y mantener las inversiones a largo plazo son estrategias clave para reducir la carga fiscal y maximizar el rendimiento de tus inversiones.

3. Criptomonedas

Las **criptomonedas** han ganado una popularidad enorme en los últimos años, no solo como medio de inversión, sino también como forma de pago y almacenamiento de valor. Sin embargo, junto con el crecimiento de su uso, también ha aumentado el escrutinio por parte de las autoridades fiscales. En España, las operaciones con criptomonedas están sujetas a obligaciones fiscales que todo inversor debe conocer para evitar problemas con Hacienda.

Obligaciones fiscales al operar con criptomonedas

La compraventa, tenencia y uso de criptomonedas está sujeta a una serie de normativas fiscales en España. Las criptomonedas no se consideran dinero ni tampoco activos financieros, sino que se tratan como **activos patrimoniales**, lo que significa que cualquier transacción que implique una ganancia o pérdida patrimonial debe declararse en el IRPF.

A continuación, repasamos los principales escenarios en los que debes declarar las operaciones con criptomonedas.

1. Compra y venta de criptomonedas

La actividad más común con criptomonedas es la compra y venta (o trading) de diferentes criptoactivos. Desde el punto de vista fiscal, cuando vendes criptomonedas y obtienes una ganancia, esta se considera una **ganancia patrimonial**, que debe ser declarada en la base del ahorro del IRPF.

- **Ganancia patrimonial**: Es la diferencia entre el **precio de adquisición** y el **precio de venta**. Por ejemplo, si compraste un Bitcoin por 10.000 € y lo vendes por 15.000 €, habrás obtenido una ganancia de 5.000 € que debe tributar.
- **Tipos impositivos**: Las ganancias patrimoniales por criptomonedas tributan de la misma manera que las inversiones en bolsa o inmuebles, es decir, en la base del ahorro:
    - **19%** para los primeros 6.000 € de ganancia.
    - **21%** para ganancias entre 6.001 € y 50.000 €.
    - **23%** para ganancias entre 50.001 € y 200.000 €.
    - **27%** para ganancias superiores a 200.000 € (a partir de 2024).

2. Intercambio entre criptomonedas

Un aspecto importante que muchos inversores pasan por alto es que **el intercambio de criptomonedas entre sí** (por ejemplo, intercambiar Bitcoin por Ethereum) también está sujeto a tributación. Cada vez que cambias una criptomoneda por otra, se genera una ganancia o pérdida patrimonial, y Hacienda considera que esta transacción debe declararse, aunque no hayas convertido las criptomonedas a euros.

- En este caso, la ganancia o pérdida se calcula en función del valor de mercado de la criptomoneda en el momento del intercambio.

3. Uso de criptomonedas como medio de pago

Si usas criptomonedas para comprar bienes o servicios, también se genera una **ganancia o pérdida patrimonial** en función del valor de la criptomoneda en el momento de la compra. Por ejemplo, si compraste un Bitcoin por 5.000 € y lo utilizas para comprar un coche cuando el valor de ese Bitcoin es de 10.000 €, tendrás que declarar una ganancia patrimonial de 5.000 €.

4. Staking, farming y otras actividades de generación de ingresos pasivos

Además de la compraventa, las criptomonedas también pueden generar ingresos pasivos a través de actividades como el **staking** (bloquear criptomonedas en una red para recibir recompensas), **yield farming** (proveer liquidez a plataformas descentralizadas a cambio de intereses) o **lending** (prestar criptomonedas a cambio de un retorno).

- Los ingresos generados por estas actividades se consideran **rendimientos del capital mobiliario** y tributan en la base del ahorro, igual que los intereses de una cuenta bancaria o los dividendos de acciones.

Declaración de criptomonedas en la renta

Las criptomonedas deben incluirse en la **declaración de la renta** (IRPF) en función de las operaciones realizadas durante el año fiscal. Los pasos básicos son los siguientes:

1. **Calcular las ganancias y pérdidas patrimoniales**: Para cada operación de compra-venta, intercambio o uso de criptomonedas, deberás calcular la ganancia o pérdida en función del valor de adquisición y el valor de venta o cambio.
2. **Declarar las ganancias en la base del ahorro**: Todas las ganancias obtenidas con criptomonedas deben

declararse en la base del ahorro junto con otras ganancias patrimoniales (como las obtenidas por la venta de acciones o inmuebles). Los tipos impositivos van desde el 19% hasta el 27% a partir de 2024, dependiendo del importe total de las ganancias.
3. **Compensación de pérdidas**: Si has tenido pérdidas en alguna operación con criptomonedas, puedes **compensarlas** con las ganancias obtenidas. Esta compensación es clave para reducir la base imponible y pagar menos impuestos. Las pérdidas no utilizadas en un ejercicio pueden arrastrarse durante los siguientes **cuatro años** para compensar futuras ganancias.

Ejemplo práctico

Imagina que en 2024 realizas las siguientes operaciones con criptomonedas:

- Compraste 1 Ethereum por 1.500 € y lo vendiste por 2.500 €. Ganancia: **1.000 €**.
- Intercambiaste 0,1 Bitcoin que compraste por 3.000 € por otras criptomonedas cuando el valor de esos 0,1 Bitcoin era de 4.000 €. Ganancia: **1.000 €**.
- Usaste 0,5 Ethereum para comprar un ordenador, cuando ese Ethereum valía 2.000 €, pero lo compraste por 1.000 €. Ganancia: **1.000 €**.

En total, tendrías una ganancia de **3.000 €** por tus operaciones con criptomonedas, que deberías declarar en la base del ahorro. Estas ganancias tributarán al 19%, ya que son inferiores a 6.000 €.

Si en el mismo año sufriste pérdidas de **1.500 €** al vender otra criptomoneda, podrías compensar esa pérdida, de modo que solo tendrías que tributar por **1.500 €** de ganancia neta.

Modelo 720 y obligación de informar sobre criptomonedas en el extranjero

Si tienes criptomonedas en **exchanges** (plataformas de intercambio) o wallets domiciliados en el extranjero, estás obligado a declararlas a través del **Modelo 720** si el valor total supera los **50.000 €**. Esta obligación se aplica tanto si tienes criptomonedas como si tienes cualquier otro tipo de bien en el extranjero, como cuentas bancarias o inmuebles.

No presentar el Modelo 720 cuando es obligatorio puede conllevar sanciones severas, por lo que es importante revisar si tus criptomonedas están almacenadas fuera de España y si superan el umbral de 50.000 €.

Estrategias para minimizar el impacto fiscal de las criptomonedas

Aunque las criptomonedas generan una serie de obligaciones fiscales, existen estrategias que te pueden ayudar a minimizar el impacto fiscal y optimizar tu declaración de la renta:

1. Compensación de pérdidas y ganancias

Si has tenido **pérdidas** en algunas operaciones con criptomonedas, puedes compensarlas con las ganancias obtenidas en otras operaciones. Este es uno de los mecanismos más eficaces para reducir el pago de impuestos. Es importante llevar un registro detallado de todas las operaciones para aprovechar esta compensación.

2. Planificación de las ventas

Si prevés que tendrás **ganancias patrimoniales** significativas, puedes intentar escalonar las ventas en diferentes ejercicios fiscales para evitar que una gran ganancia te lleve a tributar en los tramos más altos del IRPF. Vender en momentos en los que tengas menos ingresos puede ayudarte a beneficiarte de tipos impositivos más bajos.

3. Holding a largo plazo

Mantener tus criptomonedas a largo plazo y evitar ventas frecuentes puede ser una estrategia para diferir la tributación, de manera similar a lo que ocurre con las acciones o fondos de inversión. Mientras no vendas, no tienes que tributar por las ganancias no realizadas, lo que te permite seguir beneficiándote del crecimiento sin impacto fiscal inmediato.

Conclusión de la sección:

Las **criptomonedas** han abierto nuevas oportunidades de inversión, pero también traen consigo una serie de obligaciones fiscales que es crucial entender para evitar sanciones y optimizar tu declaración de la renta. Declarar correctamente las ganancias patrimoniales, aprovechar la compensación de pérdidas y planificar las ventas son algunas de las claves para minimizar el impacto fiscal de las operaciones con criptomonedas.

4. Inversiones sostenibles y exenciones fiscales

La **sostenibilidad** ha ganado un protagonismo clave en el mundo de la inversión en los últimos años. Cada vez más inversores, tanto institucionales como particulares, buscan generar rentabilidad mientras apoyan proyectos que tengan un impacto positivo en el medio ambiente, la sociedad o la gobernanza. Además de los beneficios éticos y ambientales, las **inversiones sostenibles** pueden ofrecer **incentivos fiscales** que permiten reducir la carga tributaria, especialmente en el IRPF y en el Impuesto sobre el Patrimonio.

¿Qué son las inversiones sostenibles?

Las inversiones sostenibles, también conocidas como **inversiones ESG** (por sus siglas en inglés, que significan **Environmental, Social, and Governance**), son aquellas que buscan generar un impacto positivo en tres áreas clave:

1. **Medio ambiente**: Proyectos relacionados con energías renovables, eficiencia energética, reducción de emisiones de CO_2, conservación de recursos naturales, etc.
2. **Social**: Inversiones en proyectos que promuevan la igualdad de género, la educación, la salud o el desarrollo de comunidades desfavorecidas.

3. **Gobernanza**: Empresas o proyectos que mantengan buenas prácticas de transparencia, ética empresarial y responsabilidad corporativa.

En España, las inversiones sostenibles pueden acogerse a diferentes incentivos fiscales, lo que las convierte en una opción interesante para aquellos inversores que buscan maximizar su rentabilidad y, al mismo tiempo, apoyar causas de impacto positivo.

Ventajas fiscales de las inversiones sostenibles en el IRPF

Las inversiones sostenibles pueden ofrecer beneficios fiscales en el **Impuesto sobre la Renta de las Personas Físicas (IRPF)**, especialmente si inviertes en **fondos de inversión sostenibles** o en proyectos que cuenten con incentivos específicos.

1. Fondos de inversión sostenibles

Muchos fondos de inversión se están especializando en empresas que cumplen con criterios de sostenibilidad. Invertir en estos fondos puede ser fiscalmente ventajoso porque se benefician del mismo **diferimiento fiscal** que cualquier otro fondo de inversión, lo que permite **traspasar el dinero entre fondos** sin pagar impuestos por las plusvalías hasta que decidas reembolsar.

Los fondos de inversión sostenibles, además de ofrecer las ventajas fiscales generales de los fondos, pueden estar más alineados con el crecimiento a largo plazo de las políticas públicas que fomentan el desarrollo de tecnologías verdes y limpias, como las energías renovables.

2. Deducción por inversión en empresas de nueva creación

Si inviertes en startups o pequeñas empresas que desarrollen proyectos sostenibles, puedes beneficiarte de la **deducción por inversión en empresas de nueva creación**. Tal y como vimos en el **Capítulo 2**, esta deducción permite desgravar el **50% de las cantidades invertidas**, con un límite de **100.000 € anuales**.

Este incentivo es especialmente relevante si las empresas en las que inviertes están centradas en áreas como la energía limpia, la gestión sostenible de recursos o la economía circular, que son sectores en crecimiento y que cuentan con respaldo público.

3. Inversiones en proyectos de rehabilitación de edificios

La inversión en la rehabilitación de inmuebles para mejorar su **eficiencia energética** también tiene ventajas fiscales. En el **IRPF** puedes beneficiarte de una deducción si realizas obras que reduzcan el consumo de energía en tu vivienda habitual o en viviendas que alquiles.

Las deducciones aplicables en el IRPF para estas inversiones son:

- **20% de deducción** por obras que reduzcan al menos un **7%** la demanda de calefacción y refrigeración. El límite máximo de deducción es de **5.000 €**.
- **40% de deducción** por obras que mejoren el consumo de energía primaria no renovable en al menos un **30%**, o que mejoren la calificación energética hasta una A o B. El límite máximo de deducción es de **7.500 €**.
- **60% de deducción** por obras de rehabilitación que reduzcan el consumo de energía primaria no renovable en inmuebles residenciales. Esta deducción está destinada a edificios completos o conjuntos de viviendas. El límite máximo de deducción es de **15.000 €**.

Estas deducciones pueden ser muy interesantes para aquellos inversores que quieran rehabilitar propiedades con un enfoque en sostenibilidad, ya que no solo aumentan el valor del inmueble, sino que también permiten reducir la carga fiscal.

Exenciones fiscales en el Impuesto sobre el Patrimonio

El **Impuesto sobre el Patrimonio** grava el valor neto de los bienes y derechos de las personas físicas al final de cada ejercicio, pero ciertas inversiones sostenibles pueden quedar **exentas** o beneficiarse de bonificaciones.

1. Exención de participaciones en empresas sostenibles familiares

Las **participaciones en empresas familiares** están exentas del Impuesto sobre el Patrimonio, siempre que se cumplan ciertos requisitos, como que el inversor participe activamente en la gestión de la empresa. Si la empresa familiar en la que participas se dedica a actividades sostenibles, puedes beneficiarte de esta exención, lo que te permitirá mantener esas inversiones sin que aumente tu base imponible en el Impuesto sobre el Patrimonio.

2. Bonificaciones autonómicas

Algunas comunidades autónomas ofrecen **bonificaciones** o exenciones adicionales en el Impuesto sobre el Patrimonio por inversiones en proyectos sostenibles o en la rehabilitación de inmuebles para mejorar su eficiencia energética. Estas bonificaciones pueden variar entre comunidades, por lo que es recomendable revisar la normativa específica de la región donde residas o donde esté ubicado el inmueble.

Inversión en energías renovables

La inversión en energías renovables, como la **instalación de paneles solares** en propiedades o la participación en proyectos de energía solar o eólica, también puede tener ventajas fiscales.

- **Deducción por instalaciones de autoconsumo**: En algunos casos, las instalaciones de energías renovables en viviendas o inmuebles alquilados pueden ser deducibles en el IRPF. Aunque el tratamiento fiscal depende de cada comunidad autónoma, esta es una oportunidad interesante para quienes apuestan por el autoconsumo energético.
- **Bonificaciones en el IBI**: En muchas localidades, la instalación de sistemas de autoconsumo energético, como los paneles solares, conlleva **bonificaciones en el Impuesto sobre Bienes Inmuebles (IBI)**, que pueden llegar al **50%** de la cuota durante varios años.

Beneficios adicionales de las inversiones sostenibles

Más allá de las ventajas fiscales directas, las inversiones sostenibles pueden ser más resistentes a los cambios regulatorios y al contexto económico global, ya que cada vez más gobiernos y empresas están alineados con los objetivos de desarrollo sostenible. Este contexto favorable aumenta la rentabilidad potencial de este tipo de inversiones a largo plazo.

Invertir en sostenibilidad no solo puede mejorar tu rentabilidad financiera, sino también tu impacto positivo en la sociedad y el medio ambiente. Además, te permite estar alineado con las tendencias de inversión que probablemente seguirán ganando relevancia en los próximos años.

Conclusión de la sección:

Las **inversiones sostenibles** no solo ofrecen la oportunidad de contribuir a un mundo más ecológico y justo, sino que también vienen acompañadas de **incentivos fiscales** que pueden reducir la carga impositiva tanto en el **IRPF** como en el **Impuesto sobre el Patrimonio**. Aprovechar las deducciones por inversión en empresas sostenibles, la rehabilitación energética de inmuebles y las bonificaciones autonómicas puede optimizar tu estrategia fiscal y aumentar el impacto positivo de tus inversiones.

CAPÍTULO 5: PLANIFICACIÓN FISCAL PARA EMPRESAS

1. Estrategias para reducir el Impuesto de Sociedades

El **Impuesto de Sociedades** es uno de los tributos clave que grava los beneficios obtenidos por las empresas en España. Para optimizar este impuesto, las empresas pueden aplicar diversas estrategias que les permitan reducir la base imponible y, por tanto, el importe final a pagar. En esta sección, veremos cómo aprovechar al máximo las deducciones disponibles, desde la amortización acelerada hasta la reinversión de beneficios, pasando por la deducción de gastos financieros.

¿Qué es el Impuesto de Sociedades?

El **Impuesto de Sociedades** grava los beneficios netos de las empresas y otras entidades jurídicas. El tipo impositivo general es del **25%**, aunque existen tipos reducidos para entidades de nueva creación, que pueden tributar al **15%** durante sus dos primeros ejercicios con beneficios.

El beneficio neto es el resultado contable de la empresa, es decir, la diferencia entre los ingresos obtenidos y los gastos deducibles, ajustado por las normativas fiscales. Por tanto, es fundamental para las empresas conocer las deducciones y bonificaciones a las que pueden acogerse para reducir la base imponible.

Estrategias clave para reducir el Impuesto de Sociedades

1. Gastos financieros deducibles

Uno de los principales mecanismos para reducir la base imponible es deducir correctamente los **gastos financieros** asociados a préstamos y financiación. Los intereses pagados por préstamos bancarios, líneas de crédito o cualquier tipo de deuda contraída para financiar la actividad empresarial son deducibles en el Impuesto de Sociedades.

Además, las **comisiones bancarias** y otros gastos relacionados con la financiación también pueden deducirse. Esto es especialmente importante para empresas que invierten en su crecimiento a través de la financiación externa.

Limitaciones: Es importante tener en cuenta que existen límites en la deducibilidad de los gastos financieros. En general, solo se pueden deducir los gastos financieros netos hasta el **30% del beneficio operativo** de la empresa, aunque hay un mínimo de 1 millón de euros que siempre es deducible.

2. Amortización acelerada

La **amortización** es el proceso mediante el cual una empresa deduce el coste de adquisición de un bien de inmovilizado (como maquinaria, vehículos o edificios) durante su vida útil. Sin embargo, para ciertos activos, es posible aplicar la **amortización acelerada**, lo que permite a la empresa deducir una mayor cantidad en los primeros años, reduciendo así la base imponible.

La amortización acelerada es particularmente útil para empresas que realizan inversiones significativas en bienes de capital, ya que les permite reducir su factura fiscal en los primeros años de actividad o después de realizar grandes compras de activos.

Ejemplo de amortización acelerada:

- Si una empresa adquiere maquinaria por 100.000 €, en lugar de amortizar el bien de manera lineal durante 10 años (deduciendo 10.000 € por año), con la amortización acelerada podría deducir un porcentaje mayor en los primeros años, lo que reduciría su carga fiscal a corto plazo.

3. Deducciones por reinversión de beneficios extraordinarios

Si una empresa vende un activo (por ejemplo, un inmueble o maquinaria) obteniendo una **plusvalía** (ganancia patrimonial), puede optar por la **deducción por reinversión de beneficios extraordinarios**. Esto permite que, si la empresa reinvierte esas ganancias en otros activos productivos, la tributación de la plusvalía se difiera o se reduzca.

Este mecanismo es especialmente útil para empresas que realizan ventas de inmuebles o activos importantes, ya que permite reducir el impacto fiscal de esas operaciones si los beneficios se destinan a la adquisición de nuevos activos que impulsen la actividad empresarial.

4. Deducciones por gastos de formación y capacitación

Las empresas que invierten en la **formación de sus empleados** pueden deducir estos gastos del Impuesto de Sociedades. Los cursos de capacitación, talleres, seminarios y otros gastos de formación son deducibles si están relacionados con la actividad económica de la empresa. Esto no solo reduce la base imponible, sino que también ayuda a mejorar la productividad y las habilidades de los trabajadores.

5. Deducciones por donaciones

Las empresas que realicen **donaciones** a entidades sin ánimo de lucro, ONG, fundaciones o proyectos culturales pueden beneficiarse de deducciones fiscales. La deducción general por donaciones es del **35% del importe donado**, aunque este porcentaje puede elevarse al **40%** si la donación se mantiene de manera recurrente durante varios años.

Estas donaciones, además de tener un impacto positivo en la comunidad, permiten a la empresa mejorar su imagen corporativa y reducir su factura fiscal al mismo tiempo.

Otras deducciones y bonificaciones aplicables

1. Bonificación por actividades exportadoras

Las empresas que se dedican a la **exportación** de bienes o servicios pueden acceder a bonificaciones fiscales, dependiendo de la actividad y los mercados a los que exporten. Fomentar la internacionalización de la empresa no solo puede generar nuevos ingresos, sino que también puede reducir la carga fiscal.

2. Bonificaciones por creación de empleo

Las empresas que aumenten su plantilla, especialmente contratando a colectivos con dificultades para acceder al mercado laboral, como personas con discapacidad, jóvenes o mayores de 45 años, pueden beneficiarse de **bonificaciones en el Impuesto de Sociedades**. Estas bonificaciones son adicionales a las que ya se aplican en las cotizaciones a la Seguridad Social.

3. Deducciones por gastos de investigación y desarrollo (I+D+i)

Como veremos más adelante, los **gastos en investigación, desarrollo e innovación (I+D+i)** ofrecen deducciones fiscales muy atractivas para las empresas que apuestan por la creación de nuevos productos o la mejora de procesos. Estas deducciones pueden aplicarse tanto en el Impuesto de Sociedades como en otros tributos.

Ejemplo práctico de reducción del Impuesto de Sociedades

Imaginemos que una empresa ha tenido unos ingresos netos de **500.000 €** en un ejercicio fiscal y ha realizado las siguientes inversiones y gastos:

- Ha obtenido un préstamo para financiar la compra de maquinaria, con unos gastos financieros de **10.000 €**.
- Ha invertido en la adquisición de inmovilizado (maquinaria) por **200.000 €**.
- Ha realizado una donación a una ONG por **5.000 €**.
- Ha destinado **20.000 €** a la formación de empleados.

Gracias a la deducción de estos gastos y la aplicación de la amortización acelerada, la empresa puede reducir considerablemente su base imponible. Al final, en lugar de tributar sobre los 500.000 €, podría hacerlo sobre una cantidad mucho menor, lo que reduciría significativamente su Impuesto de Sociedades.

Planificación fiscal proactiva

Una estrategia clave para optimizar el Impuesto de Sociedades es realizar una **planificación fiscal proactiva**, es decir, anticiparse a las oportunidades y aplicar las deducciones y bonificaciones disponibles antes de que termine el ejercicio fiscal. Trabajar en conjunto con un asesor fiscal para identificar áreas de mejora y aplicar las deducciones de manera adecuada puede marcar una gran diferencia en el resultado final.

Conclusión de la sección:

El **Impuesto de Sociedades** ofrece diversas oportunidades de reducción fiscal mediante la deducción de gastos financieros, la amortización acelerada y la reinversión de beneficios. Las empresas pueden aprovechar estas deducciones para minimizar su base imponible y, por tanto, reducir significativamente la cantidad de impuestos a pagar. La clave está en aplicar una planificación fiscal adecuada, aprovechando todas las ventajas disponibles en la normativa actual.

2. Sociedades holding y estructuras empresariales complejas

Las **sociedades holding** son un vehículo muy utilizado para optimizar la fiscalidad en empresas que tienen varias filiales o diversas líneas de negocio. Este tipo de estructuras permiten agrupar participaciones en distintas sociedades bajo una entidad matriz (la holding), ofreciendo ventajas fiscales significativas, tanto a nivel del **Impuesto de Sociedades** como en la **gestión de dividendos** y la reinversión de beneficios.

¿Qué es una sociedad holding?

Una **sociedad holding** es una empresa cuya función principal es **poseer participaciones** en otras empresas. Es decir, no se dedica directamente a la producción o comercialización de bienes o servicios, sino que tiene la propiedad de varias sociedades filiales o participadas, controlando su gestión y, a menudo, recibiendo los beneficios generados por ellas.

Las holding permiten centralizar la gestión de las participaciones empresariales y obtener ventajas fiscales, especialmente cuando se trata de grupos empresariales o empresas con actividades diversificadas.

Ventajas fiscales de una sociedad holding

Las **sociedades holding** son una herramienta eficaz para la planificación fiscal de empresas con múltiples filiales, gracias a las siguientes ventajas fiscales:

1. Exención por doble imposición de dividendos

Una de las principales ventajas fiscales de las sociedades holding en España es la **exención por doble imposición de dividendos**. Según el régimen fiscal español, cuando una filial reparte dividendos a su sociedad holding, esos dividendos están exentos de tributación en el Impuesto de Sociedades de la holding, siempre que se cumplan los siguientes requisitos:

- La holding debe poseer al menos un **5%** del capital social de la filial, o que la participación tenga un valor de adquisición de al menos **20 millones de euros**.
- La participación debe haberse mantenido durante un mínimo de **un año**.

Esto significa que los dividendos que la filial paga a la sociedad holding no tributan en el Impuesto de Sociedades de la holding, evitando así la **doble imposición** que suele ocurrir cuando se distribuyen beneficios entre empresas.

2. Reinversión de beneficios

Las sociedades holding permiten **reinvertir los beneficios** de una filial en otra sin tener que pasar por la carga fiscal de distribuir esos beneficios entre los socios. Esto facilita que los recursos se concentren en áreas del negocio que necesiten capital adicional, todo ello sin generar una factura fiscal inmediata.

Por ejemplo, si una filial tiene beneficios pero otra necesita una inyección de capital, la sociedad holding puede transferir los beneficios entre las filiales sin generar tributación inmediata, lo que permite gestionar los recursos de forma más eficiente.

3. Exención por plusvalías en la venta de participaciones

Otro beneficio importante es la exención de las **plusvalías obtenidas por la venta de participaciones** de filiales o empresas participadas. Si una sociedad holding vende su participación en una filial con ganancias, esas plusvalías pueden estar exentas de tributar en el Impuesto de Sociedades si se cumplen los siguientes requisitos:

- La sociedad holding debe haber tenido una participación mínima del **5%** durante al menos **un año**.
- La filial debe estar sometida a un tipo impositivo equivalente al 10% o superior en su país de origen (si se trata de una empresa extranjera).

Esta exención es muy atractiva para empresas que compran y venden filiales o participaciones en empresas, ya que permite reinvertir las plusvalías sin que se vean gravadas fiscalmente.

4. Optimización de la fiscalidad internacional

Las sociedades holding también son una herramienta eficaz para gestionar **filiales internacionales**. En muchos casos, las holding pueden aprovechar los **convenios de doble imposición** entre España y otros países, lo que evita que los dividendos o las plusvalías generadas por filiales en el extranjero tributen dos veces (tanto en el país de origen como en España).

Estructuras empresariales complejas: cuándo conviene

Además de las sociedades holding, las empresas pueden

beneficiarse de otras **estructuras empresariales complejas**, que permiten organizar de manera eficiente diferentes líneas de negocio o filiales. Estas estructuras son especialmente útiles cuando la empresa opera en varios sectores o países, o cuando busca separar legalmente diferentes actividades para optimizar la fiscalidad y la gestión del riesgo.

1. Diversificación de líneas de negocio

Si tu empresa opera en sectores diferentes, puede ser ventajoso estructurarla en varias sociedades, con una **sociedad holding** que actúe como matriz. De esta manera, cada sociedad filial puede centrarse en una actividad concreta, optimizando la fiscalidad de cada línea de negocio según sus características específicas.

Por ejemplo, si una filial se dedica a la producción industrial y otra a servicios digitales, podrías aplicar deducciones y beneficios fiscales diferentes a cada una, dependiendo de su actividad, mientras gestionas los dividendos y beneficios a través de la holding.

2. Protección del patrimonio empresarial

Una estructura empresarial compleja permite **aislar el riesgo** de cada filial o línea de negocio. En lugar de que toda la empresa asuma el riesgo de un sector específico, cada filial puede funcionar como una entidad separada, protegiendo los activos del grupo empresarial frente a posibles problemas financieros o legales en una de las filiales.

3. Gestión centralizada de beneficios y pérdidas

En una estructura empresarial compleja, los beneficios de una filial pueden utilizarse para compensar las **pérdidas de otra filial** dentro del mismo grupo, optimizando así la base imponible global. Esto es posible gracias al régimen de **consolidación fiscal** que permite que todas las filiales tributen de forma consolidada, como si fueran una única entidad.

El **régimen de consolidación fiscal** es opcional en España, pero ofrece ventajas importantes para los grupos de empresas, ya que permite:

- **Compensar pérdidas** de una filial con los beneficios de otra, reduciendo la base imponible conjunta del grupo.
- Simplificar las obligaciones fiscales del grupo, presentando una única declaración del Impuesto de Sociedades para todas las empresas que forman parte del grupo.

Ejemplo práctico de estructura holding

Imaginemos que una empresa matriz (sociedad holding) posee el **100%** de las acciones de tres filiales: una dedicada a la producción industrial, otra a servicios de consultoría y una tercera que actúa como comercializadora de productos.

- **La filial industrial** obtiene un beneficio de **500.000 €**, mientras que la **filial de consultoría** tiene pérdidas de **100.000 €** debido a una inversión en nueva tecnología.
- Gracias a la **consolidación fiscal**, el grupo empresarial puede **compensar las pérdidas de la filial de consultoría** con los beneficios de la filial industrial, por lo que la base imponible final del grupo sería de **400.000 €** (500.000 € - 100.000 €).

Si las filiales no estuvieran bajo una estructura de holding, cada una debería tributar por separado, y la empresa de consultoría no podría aprovechar las pérdidas para reducir el impuesto a pagar.

Cuándo es conveniente crear una sociedad holding

Crear una sociedad holding tiene sentido en los siguientes casos:

- **Empresas con múltiples filiales** o actividades diversificadas.
- **Grupos empresariales familiares**, donde es importante optimizar la tributación de los dividendos y plusvalías generadas por la venta de participaciones.
- Empresas con **presencia internacional**, que pueden beneficiarse de los convenios de doble imposición y la exención de plusvalías en la venta de filiales extranjeras.
- Negocios que buscan **reinvertir los beneficios** generados por unas filiales en otras, sin tener que pagar impuestos por

cada transferencia de dividendos.

Es importante evaluar el **coste de creación y mantenimiento** de una sociedad holding, así como la **complejidad administrativa** que implica, antes de decidir si esta estructura es adecuada para tu empresa.

Conclusión de la sección:
Las **sociedades holding** y las **estructuras empresariales complejas** ofrecen importantes ventajas fiscales para empresas con múltiples filiales o actividades diversificadas. Desde la exención por doble imposición de dividendos hasta la reinversión de beneficios sin tributación, estas estructuras permiten optimizar la gestión del grupo empresarial y reducir significativamente la carga fiscal. Sin embargo, es fundamental evaluar su conveniencia según las características y necesidades específicas de cada empresa.

3. Bonificaciones por I+D+i

El impulso de la **investigación, el desarrollo y la innovación** (I+D+i) es una prioridad para el crecimiento económico y la competitividad en España. Por ello, el sistema fiscal español ofrece diversas **deducciones** y **bonificaciones** para las empresas que invierten en este tipo de actividades. Estas deducciones permiten a las empresas reducir significativamente su carga fiscal, al mismo tiempo que incentivan la creación de nuevos productos, procesos y tecnologías.

¿Qué se considera I+D+i?

Las actividades de **I+D+i** abarcan tanto la investigación y el desarrollo (I+D) como la innovación tecnológica. La legislación española distingue entre ambos conceptos:

1. **Investigación y desarrollo (I+D)**: Se refiere a las actividades que buscan el **descubrimiento de nuevos conocimientos** científicos o técnicos y la creación

de nuevas tecnologías, productos o procesos que no existían previamente. Por ejemplo:
- Desarrollo de un nuevo fármaco o tratamiento médico.
- Investigación aplicada para mejorar la eficiencia de un proceso industrial.
- Creación de una nueva tecnología en el sector de la energía renovable.

2. **Innovación tecnológica (IT)**: Hace referencia a la aplicación de **mejoras tecnológicas** en productos, procesos o servicios existentes, sin que esto implique un descubrimiento científico completamente nuevo. Ejemplos de innovación tecnológica incluyen:
- Mejora de un producto para hacerlo más eficiente o ecológico.
- Aplicación de nuevas tecnologías en el proceso de fabricación para reducir costes o tiempos de producción.

¿Cuáles son las deducciones fiscales por I+D+i?

El **Impuesto de Sociedades** permite deducir un porcentaje de los gastos relacionados con actividades de I+D+i. Estas deducciones varían en función de si la actividad corresponde a **investigación y desarrollo (I+D)** o a **innovación tecnológica (IT)**.

1. Deducción por investigación y desarrollo (I+D)

Las deducciones fiscales por I+D son las más generosas del sistema tributario español. Las empresas pueden deducir un porcentaje de los gastos relacionados con proyectos de investigación y desarrollo, incluyendo personal, materiales, subcontrataciones y otros costes asociados.

- **25%** de los gastos efectuados en actividades de I+D.
- **42%** de los gastos si el gasto en I+D supera la media de los dos años anteriores.

Adicionalmente, si los gastos en I+D+i incluyen la compra de **inmovilizado material o intangible** (equipos, maquinaria o software) destinado exclusivamente a proyectos de investigación, la empresa puede aplicar una deducción adicional del **8%** sobre estos bienes.

2. Deducción por innovación tecnológica (IT)

Las deducciones por innovación tecnológica son más limitadas que las de I+D, pero aún representan una oportunidad significativa para empresas que invierten en la mejora de sus productos o procesos. La deducción fiscal aplicable es:

- **12%** de los gastos efectuados en actividades de innovación tecnológica.

Este porcentaje se aplica sobre los gastos directos asociados a la innovación, tales como el desarrollo de prototipos, la implementación de tecnologías en procesos industriales o la mejora de productos para adaptarlos a nuevos mercados.

¿Qué gastos son deducibles?

Para poder aplicar las deducciones por I+D+i, es importante saber qué tipos de **gastos son deducibles**. A continuación, detallamos los principales gastos que pueden reducir la base imponible de una empresa en el Impuesto de Sociedades:

- **Gastos de personal**: Los sueldos y salarios del personal dedicado a actividades de I+D+i son deducibles. Esto incluye tanto a investigadores y técnicos como al personal de apoyo que trabaje directamente en los proyectos.
- **Costes de materiales**: Cualquier gasto en materiales o suministros que se utilicen exclusivamente para el desarrollo de actividades de I+D+i puede deducirse.
- **Subcontratación**: Si la empresa subcontrata a terceros para desarrollar parte del proyecto, los gastos asociados a estas colaboraciones también son deducibles.
- **Inmovilizado**: La compra de equipos, maquinaria, software o cualquier otro bien tangible o intangible utilizado para actividades de I+D+i permite deducir un **8%** del coste total del activo.

- **Gastos en proyectos conjuntos**: Si la empresa colabora en proyectos de I+D+i con universidades, centros de investigación o entidades públicas, también puede deducir estos gastos.

Bonificaciones y deducciones adicionales por contratación de personal cualificado

Además de las deducciones específicas por I+D+i, las empresas que contraten **personal investigador** o personal cualificado para desarrollar estos proyectos pueden acceder a bonificaciones adicionales en las cotizaciones a la Seguridad Social.

- **Bonificación del 40%** en las cuotas de la Seguridad Social: Las empresas que contraten a personal investigador para actividades de I+D pueden beneficiarse de una reducción del **40%** en las cotizaciones por contingencias comunes de los trabajadores.

Compatibilidad con otras ayudas públicas

Las deducciones fiscales por I+D+i son **compatibles** con otras ayudas y subvenciones públicas, siempre y cuando se cumplan los requisitos establecidos. Esto significa que una empresa puede recibir financiación pública para desarrollar proyectos de I+D+i y, al mismo tiempo, aplicar las deducciones fiscales en el Impuesto de Sociedades sobre los gastos que no estén cubiertos por las subvenciones.

Sin embargo, es importante tener en cuenta que los **gastos subvencionados no pueden deducirse** fiscalmente. Esto implica que solo podrás aplicar las deducciones sobre la parte de los gastos que no haya sido cubierta por las ayudas o subvenciones públicas.

Aplazamiento o monetización de deducciones por I+D+i

Si las deducciones fiscales por I+D+i son superiores al importe del Impuesto de Sociedades a pagar, la empresa puede:

1. **Aplazar la deducción** durante un período de hasta **18 años**: Esto permite que las empresas que no obtienen

suficientes beneficios en un año puedan trasladar las deducciones a ejercicios futuros, compensando la carga fiscal en años con más beneficios.
2. **Monetización** de las deducciones: Las empresas que realicen actividades de I+D+i también tienen la posibilidad de solicitar el **reembolso anticipado** de las deducciones no aplicadas, lo que se conoce como **monetización de las deducciones**. Para ello, la empresa debe cumplir ciertos requisitos, como haber mantenido el personal dedicado a I+D+i durante al menos 24 meses después del cierre del ejercicio.

Esta opción es particularmente útil para empresas que están en sus primeros años de actividad y que, a pesar de realizar inversiones importantes en I+D+i, no generan suficientes beneficios como para aplicar todas las deducciones en un único ejercicio.

Ejemplo práctico de deducción por I+D+i

Imaginemos que una empresa tecnológica invierte **300.000 €** en un proyecto de desarrollo de un nuevo software de gestión de datos. Los gastos desglosados son los siguientes:

- **Gastos de personal**: 200.000 €.
- **Compra de equipos informáticos**: 50.000 €.
- **Subcontratación de consultores**: 30.000 €.
- **Materiales y suministros**: 20.000 €.

Al aplicar la deducción del **25%** sobre los gastos en I+D, la empresa puede deducir **75.000 €** en el Impuesto de Sociedades. Además, si el gasto en I+D supera la media de los dos ejercicios anteriores, puede aplicar una deducción del **42%**, lo que eleva el ahorro fiscal a **126.000 €**.

Adicionalmente, la empresa podría deducir el **8%** de los **50.000 €** invertidos en equipos informáticos, lo que supone una deducción adicional de **4.000 €**.

Planificación fiscal en proyectos de I+D+i

Una planificación fiscal adecuada en proyectos de I+D+i es clave para aprovechar al máximo las deducciones disponibles. Es recomendable:

- **Documentar bien los gastos**: Asegúrate de mantener una contabilidad clara y separada de los gastos dedicados a I+D+i para poder justificar las deducciones aplicadas en la declaración del Impuesto de Sociedades.
- **Colaborar con asesores fiscales**: Dada la complejidad de la normativa sobre I+D+i, es fundamental contar con el apoyo de expertos fiscales que puedan identificar todas las oportunidades de deducción y bonificación.
- **Planificar los proyectos a largo plazo**: Si es posible, distribuye las inversiones en I+D+i a lo largo de varios ejercicios fiscales para aprovechar al máximo las deducciones disponibles y evitar que las deducciones superen el impuesto a pagar en un solo ejercicio.

Conclusión de la sección:

Las **bonificaciones por I+D+i** representan una oportunidad clave para que las empresas reduzcan su carga fiscal mientras invierten en la mejora de productos y procesos. Las deducciones por investigación y desarrollo pueden alcanzar hasta el **42%** de los gastos, lo que las convierte en una de las herramientas más poderosas del sistema tributario para fomentar la innovación. Con una planificación adecuada, las empresas pueden maximizar estas deducciones y aplicar estrategias que aseguren un ahorro fiscal significativo.

4. Compensación de bases imponibles negativas

Una de las ventajas fiscales más importantes en el **Impuesto de Sociedades** es la posibilidad de **compensar las bases imponibles negativas (BIN)**, es decir, las pérdidas de ejercicios anteriores, con los beneficios futuros. Esta herramienta permite que las empresas que han tenido pérdidas en un año puedan aprovechar esas pérdidas en ejercicios futuros para reducir el importe del impuesto a pagar cuando generen beneficios.

¿Qué son las bases imponibles negativas?

Las **bases imponibles negativas (BIN)** son el resultado de un ejercicio en el que los **gastos** de una empresa superan a sus **ingresos**, es decir, cuando se genera una **pérdida fiscal**. Aunque tener pérdidas es indeseable, el sistema fiscal español permite compensarlas con los beneficios obtenidos en ejercicios futuros, lo que puede ser un gran alivio para empresas que están en proceso de recuperación o crecimiento.

Por ejemplo, si en un año una empresa tiene una pérdida de **100.000 €**, puede arrastrar esa pérdida y aplicarla en los ejercicios futuros en los que obtenga beneficios, reduciendo así su base imponible y, en consecuencia, el Impuesto de Sociedades.

¿Cómo funciona la compensación de bases imponibles negativas?

El mecanismo de **compensación de BIN** permite a las empresas que hayan tenido pérdidas en un ejercicio reducir la base imponible de ejercicios futuros utilizando esas pérdidas. Las reglas generales son las siguientes:

- **Compensación ilimitada en el tiempo**: Desde 2015, la normativa fiscal permite compensar las BIN **sin límite temporal**. Esto significa que una empresa puede compensar sus pérdidas en ejercicios futuros, sin importar cuánto tiempo haya pasado desde que se generaron esas pérdidas. Antes de 2015, el límite era de 18 años.
- **Limitación porcentual de la compensación**: Aunque no hay límite temporal, sí existe un **límite porcentual** a la cantidad de pérdidas que una empresa puede compensar en un ejercicio. En general, las BIN pueden compensarse hasta un **50%** de la base imponible positiva. Sin embargo, para pequeñas y medianas empresas (pymes) y para empresas con bases imponibles inferiores a 1 millón de euros, las pérdidas

pueden compensarse hasta el **100%** de la base imponible.

Ejemplo práctico

Imaginemos que una empresa tuvo una pérdida de **200.000 €** en 2022 y en 2024 obtiene un beneficio de **300.000 €**. En lugar de tributar sobre esos 300.000 €, la empresa podría aplicar la compensación de BIN y reducir la base imponible en **200.000 €** (la pérdida de 2022), lo que significa que solo tributará sobre **100.000 €** en 2024. Esto reduce significativamente el impuesto a pagar.

Requisitos para compensar bases imponibles negativas

Para poder aplicar la compensación de BIN, las empresas deben cumplir ciertos requisitos y tener en cuenta las limitaciones legales:

1. **Correcta contabilización**: Es fundamental que las pérdidas hayan sido registradas correctamente en la contabilidad de la empresa y declaradas en el Impuesto de Sociedades del ejercicio en el que se generaron. Si una empresa no declara adecuadamente sus pérdidas, no podrá aprovechar la compensación en ejercicios futuros.
2. **Declaración voluntaria**: Las empresas no están obligadas a compensar las BIN de manera automática. Pueden elegir cuándo y cómo aplicar las pérdidas según les convenga más, dentro de los límites legales.
3. **Auditoría y documentación**: Si una empresa quiere compensar pérdidas en ejercicios futuros, debe estar preparada para justificar esas pérdidas en caso de inspección fiscal. Esto implica tener una contabilidad clara y disponer de los documentos que acrediten los gastos e ingresos de los ejercicios en los que se generaron las pérdidas.

Ventajas de la compensación de BIN

La **compensación de bases imponibles negativas** ofrece varias ventajas para las empresas, especialmente para aquellas que atraviesan dificultades financieras o que están en fases de crecimiento:

1. Alivio fiscal en tiempos de recuperación

Las BIN permiten que las empresas que han tenido malos años puedan **aliviar su carga fiscal** cuando empiecen a generar beneficios. Esto es especialmente útil para empresas en sectores cíclicos, como la construcción o la automoción, donde las fluctuaciones en los ingresos y gastos son comunes.

2. Flexibilidad para planificar la compensación

Una de las grandes ventajas de la compensación de BIN es que las empresas tienen la libertad de **decidir cuándo aplicar las pérdidas**. Esto permite a las empresas planificar su fiscalidad de manera eficiente, eligiendo los ejercicios en los que más les conviene aplicar la compensación para reducir su carga fiscal.

3. Aumento de la liquidez

Al reducir la cantidad de impuestos a pagar en los ejercicios futuros, las empresas que aplican la compensación de BIN pueden mejorar su **liquidez**, ya que el dinero que no se paga en impuestos puede reinvertirse en la propia empresa, permitiendo un crecimiento más rápido o una mejor gestión financiera.

Limitaciones de la compensación de BIN

A pesar de sus ventajas, la compensación de bases imponibles negativas también tiene ciertas limitaciones que las empresas deben tener en cuenta:

1. Límite del 50% de la base imponible

En ejercicios con bases imponibles positivas elevadas, solo se permite compensar el **50% de la base imponible**, lo que significa que las empresas siempre tributarán sobre al menos la mitad de sus beneficios en cada ejercicio, incluso si tienen pérdidas acumuladas.

2. Posibles restricciones para grandes empresas

Para las grandes empresas, especialmente aquellas con facturaciones muy altas, las normativas fiscales pueden establecer límites adicionales sobre el porcentaje de pérdidas que pueden compensar, especialmente si la empresa ha sido objeto de alguna reestructuración o fusión reciente. Esto se hace para evitar que las empresas utilicen las pérdidas de manera excesiva y prolonguen indefinidamente la compensación de bases negativas.

3. Prescripción de las BIN en fusiones o escisiones

Si una empresa sufre una **fusión o escisión** con otra compañía, debe tener especial cuidado con el tratamiento de las BIN, ya que es posible que las pérdidas generadas antes de la fusión no puedan compensarse tras la reestructuración, a menos que se cumplan ciertos requisitos y se solicite la aprobación de la Agencia Tributaria.

Estrategias para maximizar la compensación de BIN

Para aprovechar al máximo las ventajas fiscales de la compensación de bases imponibles negativas, es recomendable aplicar las siguientes estrategias:

1. Planificación fiscal a largo plazo

La clave para optimizar la compensación de BIN es planificar a largo plazo. Las empresas deben analizar sus previsiones de beneficios y decidir cuándo es más conveniente aplicar las pérdidas acumuladas. A veces puede ser más beneficioso esperar hasta que la empresa tenga un ejercicio con beneficios más altos, para maximizar el ahorro fiscal.

2. Aprovechar la compensación completa para pymes

Las pequeñas y medianas empresas (pymes) pueden compensar el **100%** de sus bases imponibles negativas si la base imponible es inferior a **1 millón de euros**. Esta es una oportunidad importante para las pymes, ya que pueden evitar pagar impuestos en años en los que los beneficios son moderados, ayudando a mejorar su liquidez y su capacidad de inversión.

3. Monitorizar los cambios legislativos

Dado que las normativas fiscales pueden cambiar, es importante que las empresas estén atentas a cualquier modificación en las reglas sobre la compensación de BIN. A veces, las modificaciones legales pueden ofrecer nuevas oportunidades o restricciones, por lo que conviene estar al día para adaptar la estrategia fiscal según sea necesario.

Conclusión de la sección:

La **compensación de bases imponibles negativas** es una herramienta crucial para las empresas que han sufrido pérdidas en algún ejercicio, permitiéndoles reducir su carga fiscal en los años en los que vuelvan a obtener beneficios. Con una correcta planificación, las empresas pueden aprovechar esta deducción de forma eficiente y aumentar su liquidez, mejorando su capacidad para crecer y recuperarse de periodos difíciles.

CAPÍTULO 6: PLANIFICACIÓN SUCESORIA Y FISCALIDAD DEL PATRIMONIO

1. Herencias y donaciones

Cuando una persona recibe una herencia o una donación en vida, se enfrenta a la obligación de pagar impuestos sobre el valor de los bienes o derechos que recibe. El **Impuesto sobre Sucesiones y Donaciones** (ISD) es el tributo que grava tanto las herencias como las donaciones, pero su carga fiscal puede variar considerablemente dependiendo de la comunidad autónoma, el valor de los bienes y la relación entre el donante y el receptor. Con una buena planificación, es posible reducir de manera significativa este impuesto.

¿Qué es el Impuesto sobre Sucesiones y Donaciones (ISD)?

El **Impuesto sobre Sucesiones y Donaciones (ISD)** es un impuesto estatal que gestionan las comunidades autónomas y que grava las **transmisiones de bienes y derechos** por herencia, legado o donación. Este impuesto se aplica tanto a:

- **Herencias**: Bienes o derechos que se reciben tras el

fallecimiento de una persona.
- **Donaciones**: Bienes o derechos que se reciben en vida de forma gratuita por parte de otra persona.

El ISD tiene un tipo impositivo progresivo, que varía según la comunidad autónoma y puede llegar a ser considerablemente alto en algunos casos. Sin embargo, existen **bonificaciones y reducciones** que permiten minimizar el impacto fiscal, dependiendo de diversos factores como la relación familiar con el fallecido o el donante y el lugar de residencia.

Estrategias para reducir el impuesto al recibir una herencia

Al recibir una herencia, el beneficiario debe pagar el ISD sobre el valor de los bienes heredados, pero con una planificación adecuada, es posible reducir este impuesto. Algunas estrategias clave incluyen:

1. Aprovechar las bonificaciones autonómicas

El **Impuesto sobre Sucesiones** varía considerablemente entre comunidades autónomas. Algunas ofrecen **bonificaciones** muy generosas, que pueden reducir el impuesto a cantidades simbólicas, especialmente para los herederos directos (hijos, cónyuge o padres). Es fundamental revisar la normativa autonómica de la comunidad donde residía el fallecido para saber qué bonificaciones aplicar.

Por ejemplo:
- En **Madrid**, los hijos, cónyuges y padres pueden beneficiarse de una **bonificación del 99%** en la cuota del ISD, lo que reduce el impuesto a una cantidad casi insignificante.
- En **Andalucía** y **Galicia**, también existen bonificaciones importantes para herederos directos, con reducciones de hasta el **99%** para las herencias entre familiares cercanos.
- En otras comunidades como **Cataluña** o **Asturias**, el impuesto es más elevado, aunque también existen reducciones, especialmente para los familiares más cercanos.

2. Reducciones por parentesco y vivienda habitual

Además de las bonificaciones, existen **reducciones** que se aplican en función del **parentesco** entre el fallecido y el heredero, y sobre ciertos tipos de bienes como la **vivienda habitual** del fallecido.

- **Reducción por parentesco**: Los herederos directos (grupo I y II: hijos, cónyuge, padres) disfrutan de **reducciones** importantes en la base imponible del impuesto. En general, estas reducciones oscilan entre **15.956 €** y **47.858 €** en función de la edad del heredero.
- **Reducción por la vivienda habitual**: Si el heredero es el cónyuge o un descendiente directo, puede aplicar una reducción del **95% del valor** de la vivienda habitual, siempre y cuando el heredero mantenga la propiedad durante al menos **10 años**. Esta reducción tiene un límite de **122.606 €** en muchas comunidades, aunque en otras, como Madrid, puede ser superior.

3. Fraccionamiento y aplazamiento del pago del impuesto

Otra opción para reducir el impacto económico inmediato de una herencia es solicitar el **fraccionamiento o aplazamiento** del pago del ISD. Muchas comunidades autónomas permiten pagar el impuesto en varios plazos (hasta cinco años en algunos casos) o aplazar su pago durante un periodo determinado, lo que da tiempo al heredero para liquidar la herencia sin tener que pagar de inmediato.

4. Donaciones en vida para evitar impuestos elevados al fallecimiento

Otra estrategia que puede resultar eficaz es realizar **donaciones en vida** para evitar el pago de un impuesto elevado tras el fallecimiento. Esto es especialmente útil cuando las bonificaciones por donaciones son más favorables que las de sucesiones, lo cual ocurre en algunas comunidades autónomas.

Estrategias para minimizar el impuesto en las donaciones

Al igual que con las herencias, las donaciones están sujetas al ISD, pero también se pueden aplicar **bonificaciones y reducciones**.

Las donaciones permiten adelantar la transmisión de bienes a los herederos y, en algunos casos, aprovechar ventajas fiscales que no estarían disponibles al recibir una herencia.

1. Donaciones con bonificaciones autonómicas

En algunas comunidades autónomas, las **bonificaciones por donaciones** son muy atractivas, especialmente para donaciones entre familiares directos. Por ejemplo:

- En **Madrid**, se aplica una bonificación del **99%** en las donaciones entre padres e hijos, lo que reduce el impuesto a una cantidad simbólica.
- En **Andalucía**, existe una bonificación del **99%** para donaciones de dinero destinadas a la compra de la primera vivienda habitual de descendientes menores de 35 años.

Si vives en una comunidad con bonificaciones altas, hacer una donación en vida puede ser una opción fiscalmente ventajosa para transmitir el patrimonio.

2. Uso del "pacto sucesorio" en algunas comunidades

En algunas comunidades autónomas como **Galicia** o **País Vasco**, existe la figura del **pacto sucesorio**, que permite transmitir bienes en vida con las mismas ventajas fiscales que las herencias. Esta figura puede resultar especialmente útil para las familias que buscan optimizar la transmisión de bienes y reducir el impacto fiscal, ya que en muchas ocasiones se aplican las bonificaciones y reducciones de las herencias, y no las más elevadas de las donaciones.

3. Donaciones periódicas para evitar grandes cargas fiscales

Una estrategia para minimizar el ISD es realizar **donaciones periódicas** en lugar de hacer una única donación grande. Esto permite aprovechar las reducciones por parentesco y las bonificaciones autonómicas cada cierto tiempo, reduciendo el impacto fiscal total. Dado que los tipos del ISD son progresivos, dividir las donaciones a lo largo del tiempo puede evitar que los bienes transmitidos tributen a tipos más altos.

Ejemplo práctico de herencia y donación

Imaginemos que un padre residente en Madrid deja en herencia a su hijo un patrimonio valorado en **500.000 €**, compuesto por una vivienda habitual y algunos ahorros:

- **Vivienda habitual** valorada en **300.000 €**.
- **Ahorros** de **200.000 €**.

El hijo puede aplicar la **reducción del 95%** sobre la vivienda habitual (máximo **122.606 €**), lo que significa que solo tributará sobre **177.394 €** de la vivienda. Además, podría aplicar la **bonificación del 99%** en el ISD en Madrid, lo que reduciría el impuesto de manera significativa, pagando una cantidad simbólica por los ahorros recibidos.

Si el padre decide en su lugar donar los **200.000 € en vida**, el hijo podría beneficiarse de la **bonificación del 99%** en la donación, lo que permitiría minimizar el impacto fiscal de la donación también.

Planificación y asesoramiento

Para optimizar la fiscalidad en herencias y donaciones, es fundamental contar con un buen **asesoramiento fiscal**. Cada comunidad autónoma tiene normativas específicas, y lo que puede ser ventajoso en una región, puede no serlo en otra. Además, el tipo de bienes que se transmiten y la relación familiar entre el donante y el receptor influyen considerablemente en la carga fiscal, por lo que es importante personalizar cada caso para aprovechar al máximo las ventajas fiscales.

Conclusión de la sección:

Tanto las **herencias** como las **donaciones** están sujetas al **Impuesto sobre Sucesiones y Donaciones**, pero con una buena planificación es posible reducir considerablemente este impuesto. Aprovechar las bonificaciones autonómicas, planificar donaciones en vida y aplicar las reducciones por parentesco y vivienda habitual son algunas de las estrategias más efectivas para minimizar el impacto fiscal. La clave está en conocer las normativas específicas de cada comunidad autónoma y planificar con tiempo la transmisión de bienes.

2. Seguro de vida y planificación sucesoria

El **seguro de vida** es una herramienta clave en la planificación sucesoria, ya que permite transferir patrimonio de forma rápida y eficiente a los beneficiarios, proporcionando liquidez inmediata tras el fallecimiento del asegurado. Además, en muchos casos, el tratamiento fiscal de las sumas percibidas por los seguros de vida es más favorable que otras formas de herencia, lo que convierte a este producto en una excelente opción para la planificación patrimonial.

¿Qué es un seguro de vida en el contexto de la sucesión?

Un **seguro de vida** es un contrato mediante el cual una aseguradora se compromete a pagar una cantidad de dinero a los **beneficiarios designados** cuando ocurre el fallecimiento del asegurado. En el contexto de la planificación sucesoria, el seguro de vida sirve para **garantizar la liquidez** a los herederos, cubrir impuestos o deudas, y asegurar el reparto de un patrimonio de forma ágil y sencilla.

Los **beneficiarios del seguro** reciben el capital asegurado directamente, sin necesidad de pasar por el proceso de herencia, lo que acelera la transmisión del patrimonio y proporciona recursos inmediatos a los herederos, quienes podrían necesitar dinero para pagar el **Impuesto sobre Sucesiones y Donaciones (ISD)** u otros gastos derivados del fallecimiento.

Ventajas fiscales del seguro de vida

El **seguro de vida** ofrece ventajas fiscales que lo convierten en un instrumento eficiente dentro de la planificación sucesoria. Aunque las cantidades recibidas están sujetas al ISD, este producto financiero suele tener un **tratamiento fiscal más favorable** que la transmisión directa de otros bienes o derechos.

1. Reducciones específicas en el ISD

En muchos casos, las cantidades percibidas por los beneficiarios de un seguro de vida tienen **reducciones específicas** dentro del ISD. Estas reducciones dependen del **grado de parentesco** entre el asegurado y el beneficiario, así como de la comunidad autónoma en la que resida el beneficiario.

Por ejemplo:

- En la mayoría de las comunidades autónomas, los **descendientes, ascendientes o cónyuge** del asegurado pueden aplicar una reducción en la base imponible del ISD de hasta **9.195,49 €** por cada beneficiario.
- Algunas comunidades autónomas ofrecen bonificaciones adicionales para los seguros de vida, como en **Madrid**, donde los hijos, cónyuges y padres pueden aplicar la bonificación del **99%** sobre la cuota del ISD, lo que reduce el impuesto a una cantidad casi simbólica.

2. Exención del ISD en ciertos casos

En determinadas circunstancias, los seguros de vida pueden estar **exentos del ISD**. Por ejemplo, si el beneficiario del seguro es el cónyuge y la suma asegurada es inferior a un límite establecido (que varía por comunidad), el pago podría quedar exento o tener una carga fiscal muy baja.

Además, en casos de **invalidez o incapacidad del beneficiario**, el tratamiento fiscal del seguro de vida puede ser aún más favorable, con reducciones adicionales o incluso exenciones en la cuota del ISD.

3. Evitar la doble imposición en seguros de vida internacionales

Si el asegurado reside en un país diferente al beneficiario, podría haber riesgo de **doble imposición** (que ambos países exijan impuestos sobre el mismo seguro). En estos casos, España tiene **convenios de doble imposición** que permiten evitar el pago de impuestos en dos jurisdicciones. Es importante revisar estos convenios para asegurar un tratamiento fiscal eficiente cuando los beneficiarios o el asegurado residan fuera de España.

Cómo estructurar un seguro de vida de forma eficiente

Para aprovechar al máximo las ventajas fiscales del seguro de vida y garantizar una planificación sucesoria eficaz, es fundamental **estructurar correctamente el seguro**. Algunos de los puntos clave a tener en cuenta son:

1. Designación clara de beneficiarios

Uno de los aspectos más importantes al contratar un seguro de vida es **designar claramente a los beneficiarios**. Esta designación debe ser explícita en el contrato del seguro para evitar cualquier confusión o conflicto en el momento de su ejecución.

- Los beneficiarios deben ser personas específicas (por ejemplo, "mi hijo Juan Pérez"), y no términos genéricos como "mis hijos" o "mi familia", para asegurar que la compañía aseguradora pague el capital sin problemas.
- Es importante actualizar la lista de beneficiarios en caso de cambios familiares, como divorcios, nuevos matrimonios o el nacimiento de nuevos hijos.

2. Proporciones y distribución del capital asegurado

En función de la estructura familiar y los objetivos sucesorios, se puede asignar el **capital asegurado en diferentes proporciones** entre los beneficiarios. Por ejemplo, si se desea beneficiar más a un hijo que a otro, se puede designar un porcentaje mayor del capital a uno de los beneficiarios.

También es posible nombrar varios beneficiarios y establecer cómo se distribuirá el capital. Esta flexibilidad permite adaptar el seguro a las necesidades y circunstancias familiares.

3. Utilizar el seguro para cubrir la liquidación del ISD

Una de las funciones más útiles del seguro de vida es proporcionar **liquidez inmediata** a los herederos para hacer frente al pago del **Impuesto sobre Sucesiones y Donaciones**. Esto es particularmente importante cuando la herencia incluye activos de difícil venta, como inmuebles o participaciones en empresas, que pueden tardar tiempo en venderse. El seguro permite a los herederos obtener el dinero necesario para pagar el impuesto sin tener que vender bienes de forma apresurada o asumir deudas.

4. Seguros de vida con componente de ahorro

Existen seguros de vida que incluyen un componente de **ahorro o inversión**, conocidos como **seguros de vida ahorro** o **unit-linked**. Estos productos permiten acumular un capital que crece con el tiempo, y el beneficiario lo recibe tras el fallecimiento del asegurado. Los rendimientos acumulados por el seguro de vida tienen un **tratamiento fiscal favorable** si se mantienen durante el tiempo suficiente.

Además, en algunas comunidades autónomas, los seguros de vida ahorro cuentan con bonificaciones en el ISD, lo que los convierte en una opción atractiva para integrar dentro de una planificación sucesoria.

Ejemplo práctico de seguro de vida en planificación sucesoria

Imaginemos que Juan, residente en Madrid, tiene un patrimonio de **800.000 €** compuesto principalmente por inmuebles y acciones. Para garantizar que sus hijos tengan liquidez suficiente para pagar el ISD tras su fallecimiento, decide contratar un **seguro de vida** con un capital asegurado de **200.000 €**, donde designa como beneficiarios a sus dos hijos en partes iguales (100.000 € para cada uno).

Al fallecer Juan, sus hijos recibirán **100.000 € cada uno** del seguro de vida. Gracias a la **bonificación del 99% en Madrid** para descendientes, el impuesto sobre esos 100.000 € será prácticamente nulo. Además, tendrán liquidez inmediata para pagar el ISD sobre el resto del patrimonio heredado, sin necesidad de vender los inmuebles o las acciones de forma apresurada.

Planificación eficiente con productos financieros complementarios

Además de los seguros de vida, existen otros **productos**

financieros que pueden ser útiles para una planificación sucesoria
eficiente. Estos incluyen:

- **Planes de pensiones**: Aunque el rescate de un plan de pensiones tras el fallecimiento del titular está sujeto al IRPF y no al ISD, estos productos pueden proporcionar liquidez adicional a los herederos y permitir una transferencia ordenada del patrimonio.
- **Unit-linked**: Los productos unit-linked combinan un seguro de vida con una cartera de inversión, lo que permite aprovechar el crecimiento del capital mientras se planifica la sucesión de manera eficiente desde el punto de vista fiscal.

Conclusión de la sección:

El **seguro de vida** es una herramienta clave en la **planificación sucesoria**, ya que proporciona liquidez inmediata a los herederos y, en muchos casos, ofrece un **tratamiento fiscal favorable** en comparación con la herencia directa de bienes. Estructurar correctamente el seguro, designar claramente a los beneficiarios y aprovechar las bonificaciones autonómicas son estrategias esenciales para transferir patrimonio de forma eficiente y con el menor impacto fiscal posible.

3. Uso de figuras legales para la gestión del patrimonio

Para quienes tienen grandes patrimonios o activos diversificados, la utilización de **figuras legales** como sociedades, fundaciones o fideicomisos puede ser una estrategia eficaz para **optimizar la gestión y reducir la carga fiscal** en la transmisión del patrimonio a futuras generaciones. Estas estructuras permiten proteger, organizar y planificar la sucesión de manera eficiente, ofreciendo una mayor flexibilidad y control sobre los bienes.

1. Sociedades para la gestión del patrimonio

El uso de **sociedades mercantiles** para gestionar y proteger el patrimonio es una práctica común, especialmente cuando se trata de grandes fortunas o activos que generan rendimientos significativos (como inmuebles, inversiones financieras, o negocios familiares). Estas sociedades permiten **centralizar la gestión** de los bienes y reducir la carga fiscal a través de diversas deducciones y beneficios fiscales.

1.1. Sociedades de tenencia de bienes inmuebles (STBI)

Una **Sociedad de Tenencia de Bienes Inmuebles (STBI)** es una figura jurídica diseñada para gestionar un patrimonio inmobiliario de manera centralizada. En lugar de que los bienes inmuebles estén a nombre de una persona física, se transfieren a una sociedad que se encarga de su administración. Las ventajas de utilizar una STBI incluyen:

- **Optimización fiscal**: Los ingresos generados por el alquiler de inmuebles o la venta de propiedades tributan en el **Impuesto de Sociedades**, cuyo tipo general es del **25%**, lo que puede ser más favorable que tributar por el IRPF, donde los tipos pueden llegar hasta el **47%**.
- **Protección patrimonial**: Al tener los inmuebles en una sociedad, se separa el patrimonio personal del familiar, protegiendo los bienes frente a posibles problemas personales o empresariales del titular.
- **Sucesión más sencilla**: Al fallecer el titular de la sociedad, los herederos no reciben los inmuebles directamente, sino las **participaciones** de la sociedad, lo que puede simplificar la transmisión y reducir la carga fiscal, especialmente si se estructuran bien los tramos del **Impuesto sobre Sucesiones y Donaciones (ISD)**.

1.2. Sociedades holding familiares

Una **sociedad holding** es una estructura que se utiliza para gestionar participaciones en otras empresas, bienes o inversiones financieras. Las sociedades holding familiares son una excelente herramienta para organizar el patrimonio de una familia y transmitirlo de forma eficiente. Sus principales ventajas incluyen:

- **Exención por doble imposición**: Los dividendos recibidos de las filiales (otras empresas propiedad de la holding) están exentos de tributar en el **Impuesto de Sociedades**, siempre que la participación en las filiales sea de al menos el **5%** y se mantenga durante al menos **un año**.
- **Flexibilidad en la sucesión**: A través de la holding, se pueden **estructurar las participaciones** de la empresa entre los diferentes herederos, lo que facilita la sucesión y permite mantener el control del patrimonio familiar.
- **Reinversión de beneficios**: La holding permite **reinvertir beneficios** en otras inversiones o negocios familiares sin generar tributación inmediata, optimizando así la gestión del capital.

Ejemplo práctico de sociedad holding familiar

Imaginemos que una familia posee varias empresas y activos inmobiliarios importantes. En lugar de tener los bienes repartidos entre diferentes miembros de la familia, deciden crear una **sociedad holding familiar** que controle todos los activos. Los padres transfieren las participaciones de las empresas y los inmuebles a la holding, y cada hijo recibe una parte de la sociedad.

Gracias a la estructura de holding, la familia puede:

- Transmitir el patrimonio de forma eficiente entre generaciones, sin tener que pagar ISD por cada bien individual.
- Aprovechar la **exención por doble imposición** en los dividendos.
- Controlar y reinvertir los beneficios sin necesidad de liquidar los activos.

2. Fundaciones familiares

Las **fundaciones familiares** son otra herramienta poderosa para la planificación patrimonial, especialmente cuando el objetivo es mantener la cohesión familiar, proteger el patrimonio a largo plazo y cumplir con ciertos fines sociales o filantrópicos. Las fundaciones permiten a las familias gestionar su patrimonio de manera eficiente, con importantes ventajas fiscales.

2.1. Ventajas de las fundaciones familiares

- **Exención fiscal**: Las fundaciones están exentas del **Impuesto de Sociedades** en la mayoría de los rendimientos generados por su patrimonio, siempre que los beneficios se destinen a los fines sociales o filantrópicos establecidos en sus estatutos.
- **Protección del patrimonio**: Al crear una fundación, se puede **proteger el patrimonio familiar** a largo plazo, asegurando que los bienes se mantengan intactos y se utilicen para los objetivos definidos por los fundadores.
- **Sucesión planificada**: La fundación permite diseñar una **planificación sucesoria** clara y efectiva, con reglas para el uso del patrimonio y la asignación de los recursos a las futuras generaciones.

2.2. Limitaciones y requisitos

La fundación debe tener un **fin social** o de interés general, y aunque es una excelente herramienta para proteger el patrimonio, no está destinada a la gestión de bienes únicamente con fines lucrativos. Además, las **fundaciones** están sujetas a controles legales y fiscales estrictos, por lo que es fundamental contar con un asesoramiento adecuado para su creación y gestión.

Ejemplo práctico de una fundación familiar

Una familia con un extenso patrimonio inmobiliario decide crear una **fundación** con el fin de promover la educación y la cultura. Los bienes inmuebles se transfieren a la fundación, y los rendimientos generados por los alquileres de estos inmuebles se destinan a becas y proyectos educativos.

Gracias a esta estructura:

- La fundación está exenta del **Impuesto de Sociedades** por los rendimientos de los inmuebles.
- La familia mantiene el control sobre el patrimonio y asegura que se utilice para un fin determinado.

- Se facilita la transmisión del patrimonio, ya que los bienes no pasan directamente a los herederos, sino que quedan bajo el control de la fundación.

3. Fideicomisos y otras estructuras de protección patrimonial

El **fideicomiso** es una figura más común en países de derecho anglosajón, pero también se utiliza en España a través de estructuras similares, como los **testamentos fideicomisarios** o los **patrimonios separados**. Estas herramientas permiten crear una **estructura de gestión patrimonial** en la que un fiduciario administra los bienes para los beneficiarios, siguiendo las instrucciones del fideicomitente (la persona que crea el fideicomiso).

3.1. Función del fideicomiso

El fideicomiso permite **separar la titularidad** de los bienes (que está en manos del fiduciario) del disfrute de los mismos (que corresponde a los beneficiarios). Esta figura es útil para:

- **Proteger el patrimonio familiar** frente a conflictos o problemas personales de los herederos.
- **Asegurar la continuidad del patrimonio** en caso de que los beneficiarios sean menores de edad o carezcan de la capacidad necesaria para gestionar los bienes.
- **Planificar la transmisión escalonada del patrimonio**, estableciendo condiciones o plazos para que los beneficiarios accedan a los bienes.

3.2. Ejemplo de fideicomiso para proteger un negocio familiar

Imaginemos que un empresario desea asegurar la continuidad de su negocio tras su fallecimiento, pero sus hijos son todavía demasiado jóvenes o inexpertos para gestionarlo. El empresario puede crear un **fideicomiso** en el que un fiduciario de confianza administre la empresa hasta que los hijos alcancen una cierta edad o adquieran la experiencia suficiente. Mientras tanto, los beneficios generados por la empresa pueden destinarse al mantenimiento de la familia.

¿Cuándo utilizar cada figura?

La elección entre una **sociedad**, una **fundación** o un **fideicomiso** dependerá de las necesidades específicas de cada patrimonio y familia. Algunos factores a tener en cuenta son:

- **Control y flexibilidad**: Las sociedades permiten un control más flexible sobre los activos, mientras que las fundaciones y los fideicomisos suelen ser más rígidos, pero ofrecen mayor protección a largo plazo.
- **Fines lucrativos o sociales**: Si el objetivo es preservar el patrimonio y generar rendimientos, una **sociedad** es la mejor opción. Si, por el contrario, se busca un fin social o filantrópico, una **fundación** es más adecuada.
- **Protección frente a conflictos familiares**: Los fideicomisos son útiles cuando se busca proteger el patrimonio de posibles conflictos familiares o asegurar que los bienes se administren bajo ciertas condiciones.

Conclusión de la sección:

El uso de **sociedades**, **fundaciones** y **fideicomisos** permite a las familias con grandes patrimonios **optimizar la sucesión**, reducir la carga fiscal y proteger los bienes a largo plazo. Cada una de estas figuras tiene características y ventajas específicas que pueden adaptarse a diferentes situaciones patrimoniales y objetivos sucesorios, por lo que es esencial elegir la estructura más adecuada en función de las necesidades y prioridades de cada familia.

CAPÍTULO 7: RESIDIR EN UNA COMUNIDAD AUTÓNOMA CON MENOR CARGA FISCAL

1. Diferencias fiscales entre comunidades autónomas

En España, aunque muchos impuestos son de carácter estatal, como el **Impuesto sobre la Renta de las Personas Físicas (IRPF)** o el **Impuesto sobre el Valor Añadido (IVA)**, las **comunidades autónomas** tienen competencias para modificar ciertos aspectos de la fiscalidad, lo que genera diferencias significativas en la carga fiscal que asumen los contribuyentes según donde residan. Entender cómo varían los impuestos de una comunidad a otra es clave para tomar decisiones financieras y de planificación fiscal.

¿Qué impuestos gestionan las comunidades autónomas?

Las comunidades autónomas pueden influir en varios impuestos que afectan directamente a los ciudadanos, entre ellos:

1. **Impuesto sobre la Renta de las Personas Físicas (IRPF)**
2. **Impuesto sobre Sucesiones y Donaciones (ISD)**
3. **Impuesto sobre el Patrimonio**
4. **Impuesto sobre Transmisiones Patrimoniales (ITP) y Actos Jurídicos Documentados (AJD)**

Estas diferencias fiscales permiten que algunos contribuyentes busquen **trasladarse** a comunidades con una menor presión fiscal, ya que los tipos impositivos y las bonificaciones autonómicas pueden suponer un **ahorro considerable** en los impuestos pagados cada año.

1. Impuesto sobre la Renta de las Personas Físicas (IRPF)

El **IRPF** es uno de los impuestos más importantes y con mayor impacto sobre los contribuyentes, ya que grava las rentas del trabajo, los rendimientos del capital y otras ganancias obtenidas a lo largo del año. Aunque el IRPF tiene una parte estatal fija, las comunidades autónomas pueden modificar los **tramos autonómicos** de este impuesto, lo que genera importantes variaciones entre regiones.

- En comunidades como **Madrid**, los tipos impositivos autonómicos son más bajos, lo que permite que los contribuyentes con rentas elevadas paguen menos IRPF en comparación con otras regiones.
- En comunidades como **Cataluña** o **Comunidad Valenciana**, los tramos autonómicos del IRPF son más altos, lo que significa que los contribuyentes pueden enfrentarse a una mayor carga fiscal por sus ingresos.

Por ejemplo, un contribuyente con una renta elevada podría tributar hasta un **45,5%** en Madrid, mientras que en Cataluña podría llegar a tributar hasta un **50%** o más, dependiendo de su nivel de ingresos.

Ejemplo práctico de IRPF entre comunidades autónomas

Imaginemos que una persona con un salario bruto anual de **80.000 €** reside en Madrid y otra en Cataluña:

- En **Madrid**, el tipo marginal máximo de IRPF es del **45,5%**, por lo que la carga fiscal sobre los últimos tramos de renta será más baja.
- En **Cataluña**, los tramos autonómicos pueden llevar el tipo marginal a superar el **50%**, lo que implica pagar más

impuestos sobre las mismas rentas.

Este ejemplo ilustra cómo el lugar de residencia puede influir en la cantidad de impuestos pagados anualmente, generando ahorros significativos para quienes residen en comunidades con una menor presión fiscal.

2. Impuesto sobre Sucesiones y Donaciones (ISD)

El **Impuesto sobre Sucesiones y Donaciones** (ISD) es otro tributo que presenta importantes diferencias entre comunidades. En este caso, las comunidades tienen plena competencia para establecer **bonificaciones** o **reducciones** que pueden reducir sustancialmente la carga fiscal sobre herencias y donaciones, especialmente entre familiares directos (padres, hijos, cónyuges).

- En comunidades como **Madrid** y **Andalucía**, las bonificaciones para herederos directos (grupo I y II: hijos, cónyuge, padres) pueden llegar al **99%**, lo que reduce el impuesto a una cantidad casi simbólica.
- En otras regiones, como **Cataluña**, **Comunidad Valenciana** o **Asturias**, el impuesto puede ser mucho más elevado, con bonificaciones mucho más reducidas o inexistentes para herederos con grandes patrimonios.

Ejemplo de herencia entre comunidades autónomas

Imaginemos una herencia valorada en **500.000 €** que recibe un hijo de su padre:

- En **Madrid**, con una bonificación del **99%**, el impuesto a pagar sería insignificante, ya que solo se tributaría por un 1% de la base imponible.
- En **Cataluña**, sin embargo, el hijo podría tener que pagar varios miles de euros en impuestos, dado que las bonificaciones son más limitadas.

Esta diferencia hace que, en muchas ocasiones, los contribuyentes planifiquen su herencia en función del lugar de residencia, optando por comunidades con bonificaciones más generosas para reducir la carga fiscal.

3. Impuesto sobre el Patrimonio

El **Impuesto sobre el Patrimonio** grava el valor neto del patrimonio de una persona física (activos como inmuebles, cuentas bancarias, participaciones en empresas, etc.). En este impuesto, las diferencias entre comunidades autónomas son notables, ya que algunas regiones han decidido aplicar **bonificaciones** que eliminan o reducen considerablemente la carga fiscal.

- **Madrid** ha bonificado este impuesto al **100%**, lo que significa que los residentes en esta comunidad no pagan Impuesto sobre el Patrimonio.
- En otras comunidades como **Cataluña**, **Comunidad Valenciana** o **Andalucía**, el impuesto sigue aplicándose con tipos progresivos que pueden llegar a gravar patrimonios elevados con tipos de hasta el **3,5%**.

Esta diferencia hace que los grandes patrimonios se sientan más atraídos por comunidades como Madrid, donde no existe este impuesto, permitiendo que los activos sigan creciendo sin tributar anualmente por ellos.

Ejemplo de Impuesto sobre el Patrimonio

Imaginemos un contribuyente con un patrimonio neto valorado en **2 millones de euros**:

- En **Madrid**, no tendría que pagar nada en concepto de Impuesto sobre el Patrimonio gracias a la bonificación del **100%**.
- En **Cataluña**, podría enfrentarse a una factura fiscal considerable, ya que el impuesto sobre el patrimonio en esa comunidad puede llegar a gravar una parte importante del mismo, con tipos superiores al **2%** en grandes patrimonios.

4. Impuesto sobre Transmisiones Patrimoniales (ITP) y Actos Jurídicos Documentados (AJD)

El **Impuesto sobre Transmisiones Patrimoniales (ITP)** y el

Impuesto sobre Actos Jurídicos Documentados (AJD) son impuestos que gravan la compraventa de bienes inmuebles y otros derechos. El tipo impositivo del ITP varía entre comunidades autónomas, lo que influye en el coste de comprar una vivienda, por ejemplo.

- En comunidades como **Madrid**, el tipo impositivo general del ITP es del **6%**, mientras que en otras regiones como **Cataluña** o **Andalucía**, el tipo puede ser del **10%**.
- Las bonificaciones y reducciones para la compra de la **primera vivienda** también difieren, lo que puede ser determinante para quienes buscan adquirir una propiedad.

Conclusión de la sección

Las diferencias fiscales entre comunidades autónomas pueden tener un impacto significativo en la carga impositiva de los contribuyentes, especialmente en impuestos clave como el **IRPF**, el **Impuesto sobre Sucesiones y Donaciones** y el **Impuesto sobre el Patrimonio**. Comunidades como **Madrid** y **Andalucía** ofrecen importantes ventajas fiscales para quienes buscan optimizar su situación tributaria, mientras que otras comunidades, como **Cataluña** o **Valencia**, presentan una mayor presión fiscal en estos mismos tributos. Para quienes buscan reducir su carga fiscal, la planificación de la residencia y la ubicación del patrimonio pueden ser factores determinantes.

2. Traslado de residencia fiscal

Dado que las comunidades autónomas en España tienen competencias para modificar ciertos impuestos, cambiar de residencia fiscal puede ser una estrategia eficaz para reducir la carga impositiva. Esto es especialmente relevante para aquellos contribuyentes que residen en comunidades con una alta presión fiscal, como **Cataluña** o **Comunidad Valenciana**, y buscan trasladarse a comunidades con beneficios fiscales más favorables, como **Madrid** o **Andalucía**.

Sin embargo, para que este cambio tenga validez fiscal, es fundamental cumplir con los **requisitos legales** y establecer claramente la nueva residencia fiscal. A continuación, te explicamos los aspectos más importantes que debes tener en cuenta si decides trasladar tu residencia fiscal dentro de España.

¿Qué es la residencia fiscal?

La **residencia fiscal** es el lugar donde una persona física tiene su domicilio fiscal a efectos tributarios. En España, una persona es considerada residente fiscal en el país si:

1. Permanece en España más de **183 días** en un año natural.
2. Su núcleo principal de actividades o intereses económicos está en España (por ejemplo, su trabajo, negocio o principales inversiones).
3. Reside en España su cónyuge no separado y sus hijos menores de edad.

Dentro de España, las **comunidades autónomas** también tienen potestad para determinar la residencia fiscal a efectos de los impuestos que gestionan (como el **IRPF**, el **Impuesto sobre Sucesiones y Donaciones**, o el **Impuesto sobre el Patrimonio**).

¿Cómo trasladar la residencia fiscal a otra comunidad autónoma?

Si decides cambiar de comunidad autónoma para beneficiarte de una menor presión fiscal, deberás cumplir con una serie de **requisitos legales** para que el traslado sea efectivo y aceptado por la Agencia Tributaria. Los pasos más importantes incluyen:

1. Vivir más de 183 días al año en la nueva comunidad autónoma

El criterio principal para determinar la residencia fiscal es la **permanencia** en una comunidad autónoma durante más de **183 días** en un año natural. Esto significa que deberás **residir efectivamente** en la nueva comunidad más de la mitad del año.

- **Domicilio habitual**: Es importante que tu **domicilio habitual** esté en la nueva comunidad autónoma. Esto

implica que debes alquilar o comprar una vivienda en dicha comunidad y utilizarla como tu residencia principal.
- **Pruebas de residencia**: En caso de ser requerido por Hacienda, deberás poder **probar tu residencia** en la nueva comunidad. Esto puede incluir facturas de suministros (agua, electricidad), empadronamiento, y cualquier otro documento que demuestre que efectivamente has pasado la mayor parte del tiempo en la nueva comunidad.

2. Cambio de empadronamiento

Es fundamental **empadronarte** en la nueva comunidad autónoma. El empadronamiento es uno de los documentos que demuestran dónde resides habitualmente. Además de ser una prueba importante para Hacienda, también es necesario para acceder a servicios municipales y sanitarios en tu nuevo lugar de residencia.

3. Traslado del centro de intereses económicos

Otro aspecto clave es que tu **centro de intereses económicos** debe estar en la nueva comunidad autónoma. Esto implica que, si tienes un negocio o inversiones importantes, debes gestionarlas desde la nueva residencia.
- Si trabajas por cuenta ajena, esto es más sencillo, ya que tu lugar de trabajo puede coincidir con tu residencia. Sin embargo, si eres autónomo o tienes una empresa, será necesario trasladar parte de tus actividades a la nueva comunidad para justificar que el núcleo de tus intereses económicos está en esa región.

4. Cambio en la declaración de la renta

En el año siguiente al cambio de residencia, deberás reflejar este cambio en tu **declaración de la renta**. Esto implica que deberás presentar tu **IRPF** en la nueva comunidad autónoma, aplicando los tramos y beneficios fiscales que correspondan en dicha región.

Es fundamental que este cambio esté justificado de manera clara en tu declaración para evitar posibles revisiones por parte de

Hacienda, que podría considerar que el cambio de residencia tiene un fin exclusivamente fiscal y no es real.

Consecuencias de no cumplir con los requisitos

Si Hacienda detecta que el traslado de residencia fiscal no es real y que se ha llevado a cabo únicamente con el fin de **evitar pagar impuestos más elevados**, podría rechazar el cambio de residencia y exigir el pago de los impuestos en la comunidad donde residías anteriormente, además de imponer **sanciones**.

Los casos de **fraude fiscal** por cambio ficticio de residencia son objeto de atención especial por parte de la Agencia Tributaria. Por lo tanto, es fundamental que el traslado sea **real y demostrable**.

Ejemplo de cambio de residencia fiscal

Imaginemos que María vive en **Cataluña** y decide trasladar su residencia a **Madrid** para beneficiarse de las bonificaciones en el **Impuesto sobre Sucesiones y Donaciones**, así como de la bonificación en el **Impuesto sobre el Patrimonio**. Para que este cambio sea efectivo, María deberá:

- **Alquilar o comprar una vivienda en Madrid** y residir allí más de **183 días** al año.
- **Empadronarse en Madrid** y cambiar su lugar de residencia habitual en todos los documentos oficiales.
- **Gestionar sus intereses económicos desde Madrid** (por ejemplo, si tiene una empresa, realizar parte de la gestión desde Madrid).
- Reflejar este cambio en su **declaración de la renta** del año siguiente, aplicando los beneficios fiscales de la Comunidad de Madrid.

Si María sigue residiendo más de 183 días al año en Cataluña o si su centro de intereses económicos sigue estando allí, Hacienda podría rechazar el cambio de residencia fiscal y exigirle que tribute en Cataluña.

¿Cuándo es beneficioso cambiar de comunidad autónoma?

Cambiar de comunidad autónoma puede ser beneficioso en los siguientes casos:

- **Patrimonios elevados**: Si tienes un **gran patrimonio**, puede resultar muy ventajoso trasladarte a una comunidad como Madrid, donde el **Impuesto sobre el Patrimonio** está bonificado al 100%.
- **Herencias y donaciones**: Si esperas recibir una **herencia** o realizar donaciones en vida, trasladarte a una comunidad como **Madrid** o **Andalucía** puede suponer un ahorro fiscal significativo, ya que las bonificaciones del **ISD** para herederos directos pueden llegar al **99%**.
- **Rentas altas**: Si tienes **ingresos elevados**, comunidades como Madrid ofrecen una menor presión fiscal en el IRPF, lo que te permitirá pagar menos impuestos sobre tus ingresos en comparación con otras comunidades.

Conclusión de la sección

El **traslado de residencia fiscal** a una comunidad autónoma con menor carga fiscal, como Madrid o Andalucía, puede ofrecer importantes ventajas fiscales, pero es esencial cumplir con los requisitos legales. Es necesario vivir efectivamente en la nueva comunidad durante más de 183 días al año, trasladar el centro de intereses económicos y reflejar estos cambios en la declaración de la renta. Con una planificación adecuada, esta estrategia puede permitir una optimización fiscal significativa, siempre que el cambio de residencia sea real y justificable ante Hacienda.

CAPÍTULO 8: BENEFICIOS FISCALES INTERNACIONALES

1. Ley Beckham

La **Ley Beckham** es un régimen fiscal especial en España que fue creado para atraer a profesionales extranjeros altamente cualificados o con ingresos elevados. Este régimen permite a los **trabajadores desplazados a España** tributar por sus ingresos obtenidos en el país a un tipo fijo del **24%** sobre sus primeros **600.000 €**, lo que puede suponer una reducción considerable de la carga fiscal comparado con los tipos progresivos del **IRPF** para residentes. Su nombre se debe a que fue muy popularizado por el futbolista David Beckham, quien se benefició de este régimen cuando fichó por el Real Madrid.

¿Qué es la Ley Beckham?

El nombre oficial de la **Ley Beckham** es el **régimen especial aplicable a los trabajadores desplazados a territorio español**, y está regulado por la **Ley 35/2006** del Impuesto sobre la Renta de las Personas Físicas (IRPF). Este régimen permite que los trabajadores extranjeros desplazados a España tributen como **no residentes** durante un periodo de hasta **6 años**, aunque en realidad estén residiendo en el país.

Esto implica que los beneficiarios de la Ley Beckham tributan únicamente por sus **rentas generadas en España**, mientras que las rentas obtenidas fuera de España quedan exentas de tributación, salvo que provengan de ciertos tipos de activos o inversiones (dividendos, intereses, etc.).

¿Quién puede acogerse a la Ley Beckham?

Para acogerse a la **Ley Beckham**, los solicitantes deben cumplir una serie de requisitos:

1. **Desplazamiento a España por motivos laborales**: Deben haber sido contratados por una empresa española o haber sido trasladados por una empresa extranjera a una sucursal o filial en España.
2. ****No haber sido residente fiscal en España en los 10 años anteriores**: Esto implica que aquellos que han vivido en España recientemente no pueden acogerse al régimen.
3. **El trabajo debe ser la principal fuente de ingresos**: El régimen está diseñado para trabajadores por cuenta ajena. No obstante, también pueden acogerse administradores de empresas, aunque con ciertas limitaciones en las deducciones.
4. **No deben obtener rentas a través de un establecimiento permanente en España**: Esto significa que los trabajadores autónomos o los que gestionen sus propias empresas no pueden acogerse a este régimen.
5. **Plazo de solicitud**: La solicitud para acogerse al régimen debe presentarse en un plazo de **6 meses** desde la fecha de inicio de la relación laboral en España.

Ventajas fiscales de la Ley Beckham

Las principales ventajas fiscales de acogerse a la **Ley Beckham** son:

1. Tipo fijo del 24%

El mayor beneficio de este régimen es que permite a los beneficiarios tributar por sus ingresos laborales en España a un tipo fijo del **24%** para las rentas hasta **600.000 €**. Las rentas que superen ese importe tributan al **47%**.

Este tipo fijo es considerablemente más bajo que los tipos

progresivos que se aplican en el **IRPF** de los residentes fiscales en España, donde las rentas más altas pueden tributar a un tipo marginal del **47%** o incluso más en algunas comunidades autónomas.

2. Tributación solo por rentas generadas en España

Otra ventaja importante es que los beneficiarios del régimen solo tributan por sus **rentas obtenidas en España**, mientras que las rentas obtenidas fuera de España (por ejemplo, ingresos por inversiones, propiedades en el extranjero o negocios fuera del país) no están sujetas a tributación en España.

Esto es especialmente útil para aquellos que tienen inversiones o activos fuera de España, ya que se evita la doble imposición sobre las rentas globales, siempre que dichas rentas no provengan de activos ubicados en España.

3. Exención del Impuesto sobre el Patrimonio

Los beneficiarios de la Ley Beckham también están **exentos del Impuesto sobre el Patrimonio** en relación a los bienes que posean fuera de España. Esto es una ventaja considerable para aquellos con patrimonios elevados, ya que este impuesto puede alcanzar tipos del **3,5%** en algunas comunidades autónomas para grandes fortunas.

4. Simplicidad en la declaración de impuestos

Al tributar como no residentes, los acogidos a la Ley Beckham presentan una **declaración simplificada** de impuestos, ya que solo deben declarar las rentas generadas en España, y no todas sus rentas globales como es el caso para los residentes fiscales.

¿Cuánto tiempo se puede aplicar la Ley Beckham?

El régimen especial de la Ley Beckham se puede aplicar durante un periodo de **6 años** consecutivos, incluyendo el año en que se realiza el traslado a España y los cinco años siguientes. Después de este periodo, el contribuyente pasará a tributar como **residente fiscal** en España, aplicándose los tipos progresivos del IRPF y la tributación por todas sus rentas globales.

Ejemplo práctico de aplicación de la Ley Beckham

Imaginemos que una empresa tecnológica internacional traslada a Marta, una ingeniera que ha estado trabajando en Alemania, a su sede en **Madrid**. Marta nunca ha residido en España en los últimos **10 años** y decide acogerse a la **Ley Beckham**.

- **Salario anual**: 200.000 €.
- **Tributación bajo la Ley Beckham**: Marta tributa un **24%** sobre la totalidad de su salario (ya que no supera los 600.000 €), lo que supone un pago de **48.000 €** en impuestos.

Si Marta no pudiera acogerse a este régimen, tributaría como residente en España, donde su tipo marginal de IRPF podría alcanzar el **47%** en algunas comunidades, lo que significaría pagar **94.000 €** en impuestos.

Gracias a la Ley Beckham, Marta se ahorra **46.000 €** en impuestos cada año durante un periodo de hasta 6 años.

Limitaciones y posibles desventajas de la Ley Beckham

Aunque la **Ley Beckham** ofrece grandes ventajas, también tiene algunas limitaciones y posibles inconvenientes:

1. **Solo aplicable a ingresos laborales**: Las rentas del capital mobiliario (dividendos, intereses) y las ganancias patrimoniales obtenidas en España tributan a tipos más altos. Estas rentas no disfrutan del tipo fijo del 24% y tributan a los tipos generales del **19% al 27%**.
2. **Tipo elevado para rentas superiores a 600.000 €**: Las rentas que superen los **600.000 €** tributan a un tipo del **47%**, similar al tipo marginal máximo del IRPF en algunas comunidades.
3. **No aplicable a autónomos o empresarios**: El régimen solo está disponible para trabajadores por cuenta ajena y administradores de empresas con ciertas limitaciones, por lo que los autónomos o dueños de empresas no pueden acogerse a este régimen.

4. **Cambio de residencia fiscal tras finalizar el régimen**: Una vez finalizado el periodo de 6 años, el contribuyente pasa a tributar como residente en España, lo que implica la tributación por todas sus rentas globales, incluyendo las obtenidas fuera de España.

¿Para quién es más beneficiosa la Ley Beckham?

La Ley Beckham es especialmente beneficiosa para:

- **Profesionales altamente cualificados**: Ingenieros, científicos, investigadores, directivos de empresas multinacionales, deportistas y artistas, entre otros.
- **Trabajadores expatriados que tienen patrimonio fuera de España**: Este régimen es ideal para quienes quieren tributar solo por sus ingresos obtenidos en España, manteniendo sus inversiones internacionales fuera del sistema fiscal español.

Conclusión de la sección

La **Ley Beckham** es una opción muy atractiva para profesionales extranjeros desplazados a España que buscan reducir su carga fiscal durante los primeros años de residencia en el país. Con un tipo fijo del **24%** sobre los ingresos laborales y la tributación exclusiva por las rentas generadas en España, este régimen permite un ahorro fiscal significativo para aquellos con ingresos elevados. Sin embargo, es importante asegurarse de cumplir con los requisitos y entender sus limitaciones antes de acogerse a este régimen especial.

2. Residir en el extranjero temporalmente

Cada vez más personas deciden trasladar su residencia a otros países, ya sea de forma permanente o temporal, por motivos profesionales, personales o simplemente para beneficiarse de un entorno fiscal más favorable. Sin embargo, cambiar de residencia fiscal conlleva una serie de **beneficios** pero también **obligaciones** que deben cumplirse para evitar problemas con las autoridades tributarias, tanto en España como en el país de destino.

Además, es fundamental conocer cómo funcionan los **convenios de doble imposición** para evitar pagar impuestos por las mismas rentas en dos países distintos. A continuación, veremos las claves para gestionar la residencia fiscal en el extranjero y cómo optimizar la carga fiscal aprovechando las normativas internacionales.

¿Qué implica ser residente fiscal en otro país?

Al trasladar tu residencia al extranjero, dejas de ser **residente fiscal en España** y pasas a tributar en el país donde ahora resides. Cada país tiene sus propias reglas para definir la **residencia fiscal**, pero en la mayoría de los casos se aplica un criterio similar al español, es decir, se considera residente fiscal en un país si:

1. Se permanece en el país más de **183 días** en un año natural.
2. Se tiene en ese país el **centro de intereses económicos** (trabajo, negocios, inversiones, etc.).
3. Se mantiene la residencia habitual de la familia (cónyuge e hijos dependientes).

Ser residente fiscal en otro país significa que deberás **tributar** allí por las rentas que generes, y en muchos casos, por tus **rentas globales**, a menos que el país tenga un régimen especial para los expatriados o que cuente con un convenio de doble imposición que te permita ajustar las obligaciones fiscales.

Beneficios fiscales de trasladar la residencia al extranjero

Trasladar tu residencia a otro país puede ofrecer una serie de **ventajas fiscales**, dependiendo del lugar al que te mudes. Algunos países tienen regímenes fiscales especialmente atractivos para los **trabajadores expatriados** o los **inversores**, lo que permite reducir significativamente la carga impositiva. Algunas de las principales ventajas incluyen:

1. Bajos tipos impositivos sobre la renta

Muchos países tienen tipos impositivos sobre la renta más bajos que en España, lo que permite a los residentes fiscales pagar menos impuestos por sus ingresos. Por ejemplo:

- **Andorra**: Ofrece un tipo máximo de **10%** sobre las rentas personales, lo que la convierte en un destino atractivo para quienes buscan pagar menos impuestos.
- **Portugal**: A través del régimen de **Residente No Habitual (RNH)**, los nuevos residentes pueden disfrutar de un tipo fijo del **20%** sobre sus ingresos durante un periodo de hasta 10 años.
- **Dubái (Emiratos Árabes Unidos)**: No grava los ingresos personales, lo que supone una ventaja significativa para quienes reciben salarios elevados o ingresos de inversiones.

2. Exenciones sobre la renta de capital y patrimonios

Algunos países no aplican impuestos sobre el **patrimonio** o las **rentas de capital** (como dividendos, intereses o ganancias patrimoniales), lo que ofrece grandes ventajas a los inversores y a las personas con altos patrimonios.

- En países como **Emiratos Árabes Unidos** o **Mónaco**, los residentes no están sujetos a impuestos sobre el patrimonio ni sobre las ganancias obtenidas por inversiones, lo que supone un ahorro considerable frente a países como España, donde los patrimonios elevados y las rentas de capital pueden tributar a tipos significativos.

3. Régimen fiscal favorable para expatriados

Algunos países, conscientes del atractivo de atraer a profesionales cualificados extranjeros, ofrecen **regímenes fiscales especiales** para trabajadores expatriados. Estos regímenes permiten tributar solo por los ingresos obtenidos en el país o aplicar tipos impositivos reducidos por un periodo limitado.

- En **Portugal**, el régimen de **Residente No Habitual (RNH)** permite a los nuevos residentes extranjeros tributar a un tipo fijo del **20%** por sus ingresos laborales o profesionales

obtenidos en el país, y exenciones por las rentas obtenidas en el extranjero.
- En **Francia**, los expatriados pueden beneficiarse de exenciones fiscales sobre ciertos ingresos, como los beneficios obtenidos por inversiones fuera del país, durante un periodo de **5 años**.

Obligaciones fiscales al ser residente en otro país

Al trasladar tu residencia fiscal al extranjero, es fundamental cumplir con una serie de **obligaciones fiscales** en ambos países, tanto en España como en el nuevo país de residencia. No cumplir con estas obligaciones podría acarrear **multas**, **recargos** y problemas con las autoridades tributarias.

1. Comunicar el cambio de residencia a Hacienda

Si te conviertes en **residente fiscal en otro país**, debes comunicar tu cambio de residencia a la **Agencia Tributaria española**. Esto se realiza mediante la presentación del **Modelo 030** (declaración censal), donde indicas tu nuevo domicilio fiscal en el extranjero. Es esencial que este cambio quede registrado para evitar que Hacienda siga considerándote como residente fiscal en España y te exija pagar impuestos por tus rentas globales.

2. Certificado de residencia fiscal en el nuevo país

Es recomendable obtener un **certificado de residencia fiscal** en el país de destino, emitido por las autoridades fiscales locales. Este documento será clave para demostrar que efectivamente eres residente fiscal en el extranjero y evitar así cualquier conflicto con Hacienda en España.

3. Presentar el Modelo 720 (Declaración de bienes en el extranjero)

Si has dejado de ser residente fiscal en España, pero sigues manteniendo bienes o derechos en el país, es posible que aún tengas que cumplir con ciertas obligaciones fiscales. Por ejemplo, deberás presentar el **Modelo 720** si mantienes cuentas bancarias, inmuebles o participaciones en empresas españolas, siempre que el valor supere los **50.000 €**.

4. Tributar por las rentas generadas en España

Aunque residas fiscalmente en otro país, si mantienes inversiones, propiedades o negocios en España, estarás obligado a tributar en España por las **rentas obtenidas en el país**. Estas rentas tributarán como **no residente** a tipos específicos. Por ejemplo, los alquileres tributan al **24%** (o al 19% si resides en la Unión Europea), y las ganancias patrimoniales al **19%**.

Convenios de doble imposición: evitar la doble tributación

Para evitar que los contribuyentes paguen impuestos dos veces por las mismas rentas, España ha firmado **convenios de doble imposición** con muchos países. Estos convenios regulan cómo y dónde se tributa por las diferentes rentas y ayudan a evitar la doble tributación.

1. Cómo funcionan los convenios de doble imposición

Los **convenios de doble imposición** establecen normas para que las rentas que una persona obtiene en un país extranjero no se graven dos veces (una vez en el país de origen y otra en el país de residencia). Los convenios definen qué país tiene prioridad para gravar las rentas, dependiendo de su naturaleza:

- **Rentas del trabajo**: Generalmente tributan en el país donde se presta el servicio, pero pueden estar exentas en el país de residencia si se cumplen ciertos requisitos.
- **Dividendos, intereses y ganancias patrimoniales**: En muchos casos, tributan en el país donde se generan, pero el país de residencia ofrece un crédito fiscal para evitar la doble imposición.

2. Ejemplo práctico de convenio de doble imposición

Imaginemos que trabajas en **Alemania** y obtienes un salario allí, pero sigues teniendo inversiones en España, de las cuales obtienes intereses y dividendos.

- Según el convenio de doble imposición entre **España y Alemania**, tu salario tributa en Alemania, pero los intereses

y dividendos que obtienes de tus inversiones en España tributarán en España.
- Alemania te concederá un **crédito fiscal** por los impuestos que hayas pagado en España sobre esos intereses y dividendos, evitando así que pagues dos veces por las mismas rentas.

Consideraciones finales al trasladar la residencia fiscal

Si decides cambiar tu residencia fiscal a otro país, es fundamental **planificar con antelación** y contar con el apoyo de un asesor fiscal especializado en fiscalidad internacional. El cambio de residencia puede generar importantes beneficios fiscales, pero también conlleva una serie de **obligaciones** que es necesario gestionar correctamente.

Conclusión de la sección

Trasladar tu **residencia fiscal** al extranjero puede ofrecer grandes beneficios fiscales, desde tipos impositivos más bajos hasta la exención de impuestos sobre el patrimonio o las rentas de capital. Sin embargo, también conlleva cumplir con obligaciones legales, tanto en el nuevo país de residencia como en España. Los **convenios de doble imposición** juegan un papel clave para evitar que pagues impuestos dos veces por las mismas rentas. Con una planificación adecuada, es posible optimizar la carga fiscal y disfrutar de un régimen fiscal más favorable.

CAPÍTULO 9: CONSEJOS PRÁCTICOS Y ERRORES COMUNES

1. Revisar tu declaración antes de presentarla

Hacer una buena **revisión de tu declaración de la renta** es esencial para evitar pagar más impuestos de los necesarios o enfrentarte a problemas con Hacienda por posibles errores. Aunque las herramientas de presentación telemática han mejorado mucho en los últimos años, muchos contribuyentes cometen **fallos** al no revisar con detenimiento los datos prellenados por la Agencia Tributaria o al no incluir correctamente algunas deducciones a las que tienen derecho. A continuación, te explico algunos pasos clave que puedes seguir para asegurarte de que tu declaración esté correcta y optimizada.

¿Por qué es importante revisar tu declaración de la renta?

El **borrador** de la declaración de la renta que proporciona Hacienda a través de su plataforma es una herramienta útil, pero no siempre contiene todos los datos correctos o actualizados. Además, es responsabilidad del contribuyente asegurarse de que toda la información sea **precisa** y de que se apliquen las **deducciones** o **bonificaciones** correspondientes.

Revisar tu declaración antes de presentarla te permite:

1. **Evitar errores** que podrían dar lugar a sanciones o recargos.
2. **Optimizar** tu factura fiscal, asegurándote de que aprovechas todas las deducciones y beneficios fiscales disponibles.
3. Evitar **pagos innecesarios** o **devoluciones menores** a las que podrías tener derecho.

Pasos clave para revisar tu declaración

1. Verificar tus datos personales y familiares

Uno de los errores más comunes es no revisar adecuadamente los **datos personales** y **familiares** que aparecen en la declaración. Esto incluye:

- **Estado civil**: Si te has casado, separado o divorciado en el año fiscal, debes asegurarte de que este dato esté actualizado, ya que puede afectar el resultado de la declaración.
- **Número de hijos o dependientes**: Si has tenido un hijo o si alguna persona dependiente ha dejado de estar a tu cargo, debes actualizar esta información. Las deducciones por **familia numerosa**, **discapacidad** o **dependientes** son importantes para reducir la base imponible.

Es fundamental que toda esta información esté correcta, ya que afecta directamente a las deducciones personales y familiares que pueden aplicarse.

2. Comprobar los ingresos declarados

Otro punto crucial es revisar los **ingresos declarados** en la renta. Hacienda suele tener bien registrados los ingresos de **trabajo** (nóminas), **pensiones** y **prestaciones**, pero es posible que no tenga información completa sobre otras fuentes de ingresos, como:

- **Alquileres**: Si tienes propiedades alquiladas, asegúrate de incluir los ingresos por alquiler y aplica las deducciones correspondientes por **gastos** (reparaciones, IBI, hipoteca, etc.) para reducir la tributación.

- **Dividendos o intereses**: Si has obtenido ingresos por inversiones, como dividendos, intereses de cuentas bancarias o fondos de inversión, verifica que se hayan incluido correctamente. Recuerda que muchas veces estos datos no se incorporan automáticamente.

Asegúrate de que todos tus ingresos estén correctamente declarados para evitar problemas con Hacienda.

3. Revisar las deducciones autonómicas

Cada comunidad autónoma en España tiene deducciones específicas que se aplican solo a los residentes de esa región. Estas deducciones pueden ser muy beneficiosas, pero a menudo no están prellenadas en el borrador de Hacienda, por lo que es tu responsabilidad aplicarlas. Entre las más comunes se incluyen:

- **Deducción por alquiler de vivienda habitual**: Algunas comunidades permiten deducir un porcentaje del alquiler si cumples ciertos requisitos.
- **Deducción por gastos educativos**: En algunas regiones se puede deducir parte de los gastos de guardería, colegios o material escolar.
- **Deducciones por inversión en vivienda habitual**: Si adquiriste tu vivienda habitual antes de 2013, puedes seguir aplicando la deducción por inversión en vivienda habitual, que puede suponer un ahorro significativo.

Si no revisas estas deducciones, podrías estar perdiendo una oportunidad importante de reducir tus impuestos.

4. Aplicar deducciones por donaciones y aportaciones a ONG

Las **donaciones** a ONG y entidades sin ánimo de lucro permiten aplicar deducciones en la declaración de la renta. En general, las primeras **150 €** de donaciones permiten deducir el **80%**, mientras que el resto de las aportaciones pueden deducir el **35%** o más si se han realizado donaciones recurrentes a la misma entidad.

Asegúrate de revisar los **justificantes de donaciones** y aplicar esta deducción, ya que muchas veces no aparece en el borrador de

Hacienda.

5. Revisar las aportaciones a planes de pensiones

Las **aportaciones a planes de pensiones** permiten reducir la base imponible, lo que se traduce en un menor pago de impuestos. El límite de aportación anual deducible es de **1.500 €** (aunque puede ser mayor en ciertos casos como cuando el cónyuge tiene rentas bajas). Es importante revisar que hayas incluido correctamente las aportaciones realizadas durante el año.

Si no se han incluido las aportaciones a planes de pensiones, estarás perdiendo una de las deducciones más significativas que puedes aplicar para reducir tu factura fiscal.

6. Declarar correctamente las ganancias y pérdidas patrimoniales

Si has realizado operaciones de compra-venta de acciones, criptomonedas, fondos de inversión u otros activos, es necesario declarar correctamente las **ganancias o pérdidas patrimoniales**. En caso de haber obtenido **pérdidas**, puedes utilizarlas para **compensar** las ganancias obtenidas en el mismo año o en los próximos cuatro años, lo que te permitirá reducir la cantidad a tributar.

Además, verifica que se hayan aplicado correctamente las **retenciones** y que se han utilizado los datos reales de compra y venta para calcular las ganancias patrimoniales.

Herramientas para revisar tu declaración

Existen herramientas y servicios online que pueden ayudarte a revisar tu declaración antes de presentarla. Algunas de las más recomendadas son:

- **Simuladores de Hacienda**: La Agencia Tributaria ofrece simuladores que permiten calcular el resultado de tu declaración antes de enviarla oficialmente.
- **Programas de revisión fiscal**: Existen programas de software que permiten revisar y optimizar tu declaración, indicándote posibles errores o deducciones que podrías

aplicar.

Conclusión de la sección

Revisar con detalle tu **declaración de la renta** antes de presentarla es esencial para evitar errores costosos y asegurarte de que aplicas todas las deducciones y beneficios fiscales disponibles. Verificar tus datos personales, tus ingresos, aplicar las deducciones autonómicas y aprovechar las ventajas de las aportaciones a planes de pensiones o las donaciones a ONG puede marcar una gran diferencia en el resultado final. Recuerda que la responsabilidad de que la declaración sea correcta recae sobre el contribuyente, por lo que es fundamental hacer una revisión exhaustiva antes de presentarla.

2. Contratar a un asesor fiscal

Contratar a un **asesor fiscal** puede ser una de las mejores decisiones para quienes quieren optimizar su situación tributaria y evitar sorpresas con Hacienda. Aunque muchas personas prefieren presentar su declaración de la renta por cuenta propia, contar con un profesional especializado en **fiscalidad** puede marcar la diferencia, especialmente si tienes **ingresos elevados**, **inversiones complejas** o **varias fuentes de ingresos**.

¿Qué hace un asesor fiscal?

Un asesor fiscal es un **experto en legislación tributaria** que puede ayudarte a gestionar tus impuestos, aprovechar **deducciones** y **beneficios fiscales**, y evitar errores que podrían llevar a pagar de más o incluso a problemas con Hacienda. Entre las funciones principales de un asesor fiscal se incluyen:

1. **Revisión de la declaración de la renta**: El asesor se encargará de revisar tu declaración y asegurarse de que todos los datos estén correctos, aplicando las deducciones y bonificaciones a las que tienes derecho.
2. **Optimización fiscal**: Un buen asesor puede ayudarte

a encontrar maneras de reducir tu carga fiscal dentro de los límites legales, sugiriendo estrategias como la **planificación de ingresos**, **deducciones por inversión** o **aportaciones a planes de pensiones**.
3. **Asesoramiento continuo**: A lo largo del año, el asesor fiscal te dará recomendaciones sobre cómo gestionar tus finanzas para optimizar tus impuestos en el futuro, por ejemplo, ajustando la forma de recibir ingresos o gestionando tus inversiones.
4. **Representación ante Hacienda**: Si tienes problemas fiscales o necesitas aclaraciones con la Agencia Tributaria, el asesor puede actuar en tu nombre, presentando recursos o respondiendo a requerimientos de Hacienda.

Ventajas de contar con un asesor fiscal

Las **ventajas** de tener un asesor fiscal son numerosas, especialmente si tu situación financiera es compleja o si simplemente quieres asegurarte de que estás cumpliendo con la ley mientras optimizas tus impuestos.

1. Optimización de tu declaración

Uno de los principales beneficios es que un asesor fiscal te ayuda a **optimizar tu declaración de la renta**. Esto significa que revisará todos tus ingresos, deducciones y gastos para asegurarse de que pagas lo menos posible dentro del marco legal.

- Si tienes **varias fuentes de ingresos**, como trabajo por cuenta ajena, alquileres o inversiones, un asesor sabrá cómo compensar las pérdidas con las ganancias, aplicar deducciones adecuadas y reducir tu base imponible.
- Si realizas **donaciones** o tienes **aportaciones a planes de pensiones**, el asesor te indicará cómo aplicarlas correctamente para maximizar los beneficios fiscales.

2. Reducción de riesgos y errores

Los errores en la declaración de la renta pueden llevar a

requerimientos de Hacienda, recargos o incluso sanciones. Un asesor fiscal se encargará de minimizar los riesgos al revisar tu declaración y asegurar que toda la información es precisa.

- **Errores comunes** como declarar mal una ganancia patrimonial, olvidar incluir ciertos ingresos o no aplicar las deducciones correctas pueden llevar a problemas con Hacienda. Un asesor fiscal evitará estos errores.
- Además, en caso de un **requerimiento** por parte de Hacienda, el asesor podrá representarte, gestionar el proceso y evitar que tengas que enfrentarte solo a una inspección.

3. Ahorro de tiempo y tranquilidad

Para muchas personas, gestionar los impuestos y entender la normativa fiscal es complicado y lleva mucho tiempo. Un asesor fiscal se encarga de todo el proceso, permitiéndote centrarte en tu trabajo o tus negocios sin preocuparte por los plazos, la burocracia o la legislación tributaria.

- Si tienes inversiones o propiedades, las declaraciones fiscales pueden volverse complejas. Un asesor fiscal sabe cómo gestionar situaciones como la **compensación de pérdidas**, la **declaración de alquileres** o la **fiscalidad internacional** si tienes bienes en el extranjero.

4. Asesoramiento sobre planificación fiscal

Más allá de la declaración anual, un asesor fiscal puede ayudarte con la **planificación fiscal a largo plazo**. Esto es especialmente útil para quienes tienen grandes patrimonios, negocios o ingresos altos, ya que existen estrategias para reducir la carga fiscal en años futuros.

Algunas de estas estrategias incluyen:

- **Aportaciones a planes de pensiones** o productos de ahorro con ventajas fiscales.
- **Optimización de las inversiones** para minimizar impuestos sobre ganancias patrimoniales.
- **Planificación de sucesiones y donaciones** para reducir el

impacto del Impuesto sobre Sucesiones y Donaciones (ISD).

5. Actualización constante sobre cambios fiscales

Las leyes fiscales cambian con frecuencia, y estar al día de las modificaciones es complicado para una persona que no trabaja en el ámbito tributario. Un asesor fiscal siempre está actualizado sobre las últimas modificaciones en la legislación, lo que te asegura que no pierdes ninguna nueva deducción o ventaja fiscal.

- Por ejemplo, si cambian los límites de aportación a planes de pensiones o se introducen nuevas deducciones autonómicas, un asesor fiscal lo tendrá en cuenta al preparar tu declaración.

¿Cuándo es especialmente recomendable contratar un asesor fiscal?

En algunos casos, contratar a un asesor fiscal puede ser más que recomendable, especialmente cuando tu situación financiera es compleja o tienes varias fuentes de ingresos que necesitan ser gestionadas correctamente. Algunos de los escenarios en los que contar con un asesor puede marcar la diferencia son:

- **Ingresos elevados o múltiples fuentes de ingresos**: Si tienes ingresos de varias fuentes, como empleo, alquileres, inversiones o dividendos, un asesor fiscal te ayudará a gestionar todos esos ingresos de manera eficiente.
- **Inversiones o ganancias patrimoniales**: Si has realizado inversiones en bolsa, criptomonedas o bienes inmuebles, un asesor sabrá cómo calcular correctamente las **ganancias y pérdidas** patrimoniales, así como aplicar las deducciones correspondientes para evitar errores.
- **Declaraciones complejas**: Si tu declaración de la renta incluye elementos como **planes de pensiones**, **donaciones**, **rentas de alquiler**, o si eres propietario de un negocio, un asesor te ayudará a gestionar todos estos elementos para optimizar tu declaración.
- **Fiscales internacionales**: Si vives o trabajas en el extranjero, o si tienes inversiones fuera de España, la legislación

internacional puede ser compleja. Un asesor especializado en **fiscalidad internacional** puede ayudarte a evitar la doble imposición y cumplir con las normativas de ambos países.
- **Planificación de herencias y donaciones**: Un asesor puede ayudarte a gestionar la **planificación sucesoria** para optimizar el **Impuesto sobre Sucesiones y Donaciones**, aplicando bonificaciones y deducciones a nivel autonómico para reducir la carga fiscal de tus herederos.

¿Cómo encontrar un buen asesor fiscal?

A la hora de contratar un asesor fiscal, es importante buscar a un profesional con **experiencia** y **conocimiento actualizado** de la normativa fiscal. Algunos aspectos a tener en cuenta al elegir un asesor fiscal incluyen:

- **Experiencia en tu situación específica**: Si tienes inversiones, propiedades o ingresos internacionales, busca un asesor con experiencia en esas áreas específicas.
- **Transparencia** en las tarifas: Es importante acordar desde el principio cuánto te cobrará el asesor y por qué servicios. Algunos asesores cobran por hora, mientras que otros tienen tarifas fijas por la declaración de la renta o asesoría continua.
- **Reputación y referencias**: Si es posible, busca recomendaciones de otros clientes o lee opiniones sobre la calidad del servicio que ofrece el asesor fiscal.

Conclusión de la sección

Contratar a un **asesor fiscal** puede ser una inversión muy rentable, especialmente si tienes ingresos elevados o declaras varias fuentes de ingresos. Un asesor te ayudará a optimizar tu declaración de la renta, reducir riesgos, aprovechar todas las deducciones y beneficios fiscales, y gestionar posibles problemas con Hacienda. Además, contar con un asesor te ahorra tiempo y te asegura tranquilidad, sabiendo que tus impuestos están en manos de un profesional. Con la normativa fiscal en constante cambio, un buen asesor puede ser clave para optimizar tu situación fiscal a largo plazo.

3. Errores comunes que hacen pagar más impuestos

Aunque las declaraciones de impuestos en España son cada vez más fáciles de realizar gracias a la tecnología y a las plataformas online, sigue siendo habitual cometer errores que pueden costar dinero. Estos errores pueden surgir por descuidos, falta de conocimiento o por confiar demasiado en los datos prellenados que proporciona la Agencia Tributaria. A continuación, te detallo algunos de los errores más frecuentes y cómo evitarlos para no pagar más impuestos de lo necesario.

1. Confiar ciegamente en el borrador de Hacienda

Uno de los errores más comunes es aceptar el **borrador** de la declaración de la renta sin revisarlo cuidadosamente. Hacienda proporciona un borrador prellenado con datos que obtiene de las empresas, entidades bancarias y otros organismos, pero estos datos no siempre son correctos o completos. Algunas deducciones o situaciones personales no están incluidas, lo que puede resultar en que pagues más de lo necesario.

- **Solución**: Siempre revisa el borrador de Hacienda antes de aceptarlo. Verifica que todos los datos de ingresos estén correctos y añade manualmente cualquier deducción o bonificación a la que tengas derecho.

2. No aplicar las deducciones autonómicas

Cada comunidad autónoma en España tiene sus propias **deducciones fiscales**, que pueden ser muy beneficiosas para los residentes. Estas deducciones no siempre aparecen en el borrador de Hacienda, por lo que es tu responsabilidad aplicarlas. No aprovecharlas es un error que puede aumentar significativamente tu factura fiscal.

Algunas deducciones autonómicas habituales incluyen:

- Deducciones por **alquiler de vivienda**.
- Deducciones por **gastos educativos** (guardería, material escolar, etc.).
- Deducciones por **familia numerosa** o por personas con **discapacidad** a cargo.
- **Solución**: Investiga las deducciones disponibles en tu comunidad autónoma y asegúrate de aplicarlas si cumples los requisitos. Esto puede marcar una gran diferencia en el resultado de tu declaración.

3. Olvidar compensar pérdidas patrimoniales

Si has realizado inversiones en bolsa, criptomonedas, bienes inmuebles u otros activos, y has tenido **pérdidas** en alguna operación, es posible compensar esas pérdidas con las **ganancias patrimoniales** obtenidas en el mismo año o en los cuatro ejercicios siguientes. Olvidar compensar estas pérdidas puede hacer que pagues más impuestos de los que deberías.

- **Solución**: Lleva un registro detallado de todas tus inversiones y operaciones. Si has tenido pérdidas, asegúrate de incluirlas en tu declaración para compensar las ganancias y reducir tu base imponible.

4. No declarar ingresos por alquiler

Si alquilas una propiedad, debes declarar los **ingresos por alquiler** en tu declaración de la renta. Sin embargo, muchos contribuyentes no incluyen estos ingresos, ya sea por descuido o por pensar que Hacienda no lo detectará. Además, quienes sí los declaran a menudo olvidan aplicar los **gastos deducibles** que pueden reducir considerablemente los impuestos que deben pagar.

- **Solución**: Declara siempre los ingresos por alquiler y asegúrate de aplicar los gastos deducibles, como el **IBI**, los **gastos de comunidad**, las **reparaciones** o los **intereses de la hipoteca**. Estos gastos reducen el importe de los ingresos que tributan.

5. No incluir las deducciones por donaciones

Las **donaciones** a ONG o entidades benéficas pueden desgravar en tu declaración de la renta, pero muchas veces se olvidan o no se incluyen correctamente. Las primeras **150 €** de donaciones permiten deducir el **80%** y, para el resto del importe, la deducción puede ser del **35%** o más si has realizado donaciones recurrentes a la misma entidad.

- **Solución**: Guarda los justificantes de todas las donaciones realizadas durante el año y aplícalas correctamente en tu declaración para aprovechar esta deducción.

6. No declarar correctamente las aportaciones a planes de pensiones

Las **aportaciones a planes de pensiones** permiten reducir la base imponible, lo que significa pagar menos impuestos. Sin embargo, muchas personas olvidan declarar estas aportaciones o no conocen los límites deducibles. En 2024, el límite máximo de aportaciones deducibles es de **1.500 €** anuales, aunque puede aumentar si realizas aportaciones al plan de pensiones de tu cónyuge con rentas bajas.

- **Solución**: Si has realizado aportaciones a planes de pensiones, revisa que las has incluido correctamente en tu declaración para reducir la base imponible y pagar menos impuestos.

7. Olvidar declarar las rentas obtenidas en el extranjero

Si tienes ingresos en el extranjero, como **dividendos**, **intereses**, **alquileres** o cualquier otro tipo de renta, es importante que los declares en tu declaración de la renta en España, ya que los residentes fiscales deben tributar por sus **rentas mundiales**. No hacerlo puede resultar en multas o problemas con Hacienda.

- **Solución**: Declara siempre las rentas obtenidas en el extranjero y aprovecha los **convenios de doble imposición** para evitar pagar impuestos dos veces por los mismos ingresos.

8. No revisar el estado civil o los hijos a cargo

Cambios en tu **estado civil** o el número de **hijos o personas dependientes** a cargo pueden tener un impacto significativo en tu declaración. A veces, los contribuyentes olvidan actualizar estos datos, lo que lleva a no aprovechar deducciones o reducciones fiscales importantes.

- **Solución**: Si te has casado, separado o has tenido hijos, revisa estos cambios y asegúrate de que se reflejan correctamente en tu declaración de la renta.

9. No planificar los ingresos para aprovechar tramos impositivos

Los **tramos del IRPF** son progresivos, lo que significa que cuanto más ganas, más porcentaje de impuestos pagas por los ingresos adicionales. Muchas personas no planifican bien sus ingresos a lo largo del año y terminan tributando en los tramos más altos cuando podrían haber distribuido los ingresos en diferentes ejercicios para pagar menos.

- **Solución**: Si es posible, distribuye los ingresos entre diferentes años fiscales para evitar caer en tramos impositivos más altos y optimiza el impacto fiscal.

10. No contratar a un asesor fiscal cuando es necesario

Si tienes una situación fiscal compleja, como múltiples fuentes de ingresos, inversiones en el extranjero, propiedades alquiladas o ganancias patrimoniales, tratar de hacer tu declaración sin ayuda profesional puede llevar a errores costosos. No contar con un **asesor fiscal** cuando es necesario puede hacer que pagues más impuestos de los que deberías o que te enfrentes a problemas con Hacienda.

- **Solución**: Si tu situación es compleja, considera contratar a un asesor fiscal para que te ayude a optimizar tu declaración, evitar errores y aprovechar todas las deducciones a las que tienes derecho.

Conclusión de la sección

Evitar los **errores comunes** en tu declaración de la renta puede suponer un ahorro considerable en tu factura fiscal. Revisar cuidadosamente el borrador de Hacienda, aplicar las deducciones autonómicas, compensar pérdidas patrimoniales y declarar correctamente todos tus ingresos son algunos de los pasos clave para evitar pagar de más. Además, si tu situación financiera es compleja, contar con un asesor fiscal puede ayudarte a optimizar tu declaración y evitar problemas con Hacienda. Al estar atento a estos errores y solucionarlos a tiempo, puedes maximizar tu ahorro fiscal y tener tranquilidad durante el proceso de declaración.

CONCLUSIÓN: LA IMPORTANCIA DE ESTAR AL DÍA CON LA NORMATIVA

A lo largo de este libro, hemos visto numerosas estrategias para **pagar menos impuestos** en España, desde aprovechar las deducciones autonómicas y bonificaciones en herencias y donaciones, hasta optimizar la fiscalidad de las inversiones y gestionar mejor los ingresos como autónomo o empresa. También hemos explorado cómo la **planificación fiscal internacional** y el traslado de residencia pueden ofrecer ventajas fiscales significativas. Sin embargo, todos estos consejos tienen algo en común: la **importancia de estar siempre actualizado con la normativa fiscal**.

Estrategias principales revisadas

1. **Deducciones en el IRPF**: Aprovechar deducciones por **vivienda habitual**, **planes de pensiones**, **donaciones** o **familia numerosa** puede reducir considerablemente la base imponible, pero muchas personas no aplican estas deducciones porque no las conocen o no están actualizadas en el sistema.
2. **Optimización fiscal para autónomos y empresas**: Los **gastos deducibles**, la **planificación de ingresos y gastos** y la correcta **gestión de las amortizaciones** pueden

reducir notablemente la factura fiscal de los autónomos y empresarios, pero es crucial saber qué gastos pueden deducirse y en qué medida.
3. **Gestión del patrimonio y sucesiones**: Aprovechar las bonificaciones autonómicas en el **Impuesto sobre Sucesiones y Donaciones** puede ser la diferencia entre pagar miles de euros o apenas una cantidad simbólica. Además, estructurar adecuadamente las **herencias**, **donaciones en vida** o la **creación de sociedades patrimoniales** puede facilitar la transmisión de bienes sin una carga fiscal excesiva.
4. **Residir en una comunidad con menor carga fiscal**: Cambiar de residencia a comunidades con beneficios fiscales, como **Madrid** o **Andalucía**, puede suponer un gran ahorro en impuestos como el **Impuesto sobre el Patrimonio** o el **ISD**, siempre y cuando el traslado sea real y cumpla con los requisitos legales.
5. **Planificación fiscal internacional**: El **régimen de la Ley Beckham**, los **convenios de doble imposición** y la **residencia en el extranjero** ofrecen grandes oportunidades para quienes trabajan fuera de España o tienen inversiones internacionales. Pero la correcta gestión de estos aspectos depende de conocer las normativas fiscales tanto en España como en el extranjero.

La importancia de estar actualizado

Las **leyes fiscales cambian frecuentemente**, y lo que es una ventaja este año, puede no serlo el siguiente. Cada año, el **gobierno español** y las **comunidades autónomas** introducen modificaciones en deducciones, tipos impositivos y bonificaciones. Esto implica que una **estrategia fiscal que funcionaba** bien un año, puede necesitar ajustes al siguiente para seguir siendo eficiente.

Estar al tanto de los **cambios en la normativa fiscal** es clave para:

- **Aprovechar nuevas oportunidades** fiscales: Cada año se introducen nuevas deducciones, exenciones o bonificaciones. Si no estás al tanto de estos cambios, podrías estar perdiendo la oportunidad de ahorrar.
- **Evitar sanciones o recargos**: No estar al día con los cambios fiscales puede llevar a errores en la declaración de impuestos, lo que podría derivar en **multas** o **recargos** por parte de Hacienda.
- **Adaptar la planificación a largo plazo**: Una buena estrategia fiscal es aquella que no solo optimiza los impuestos del año presente, sino que también planifica para el futuro. Mantenerse informado sobre posibles cambios legislativos permite ajustar esa planificación de forma anticipada.

Conclusión final

El sistema fiscal español ofrece numerosas oportunidades para **reducir la carga impositiva**, siempre que se conozcan bien las normativas y se apliquen correctamente las deducciones y bonificaciones disponibles. Sin embargo, el entorno fiscal está en constante evolución, por lo que **revisar regularmente** la legislación y contar con el apoyo de **asesores fiscales profesionales** cuando sea necesario es fundamental para optimizar la declaración de impuestos año tras año.

En resumen, el éxito en la **optimización fiscal** radica en una combinación de **conocimiento** y **planificación**, aprovechando cada ventaja que ofrezca la normativa actual. Mantente al tanto de los cambios fiscales, revisa tu situación cada año y busca siempre oportunidades para mejorar. Así, podrás gestionar tu patrimonio de forma eficiente, asegurándote de que pagas lo justo y maximizas tus ahorros fiscales.

www.ingramcontent.com/pod-product-compliance
Lightning Source LLC
Chambersburg PA
CBHW050257230526
45471CB00005B/1922